Seadove

Seadove

數字中國史

歷史的真相，
只有數字不會說謊！

如果文字帶給我們
的是記憶的依據，
數字帶給我們的
就是驚訝的憑證。

白瑾萱 著

Digital
China History

一 二 三 四 五 六 七 八 九 十 零 壹 貳 參 肆 伍 陸 柒 捌 玖 拾

序言

　　春去秋來，日升月落，世間萬物的行進都有自己的規律和法則。在《易經》的範疇裡，人們喜歡用天地輪迴和時光流轉的規律，預示人生或是事物的興衰，這種融會貫通的方法聽起來有些玄妙，但是注重事物發展規律的理念卻十分正確。

　　王朝的興衰，在時間上無法做到完全的一致，但是將它們放在一起比對，其中蘊含的數字特徵和數值屬性卻可以讓人眼前一亮。

　　一朝天子一朝臣的承接中，天子和臣工用赤膽忠心完成朝代的更迭，卻也因為消極渙散引發國家的腐化和衰亡。

　　二分明月的映照下，已經被遺忘的忠臣之心在孤苦伶仃的堅守中顯得尤為珍貴，即使肉身被大漠風雪掩蓋，執拗的品格顯現的依然是矢志不渝的決心和勇氣。

　　三分天下沒有絕對的霸主，算計人心的謀略和堅守到底的對峙中，實力與尊嚴起伏不定，疆域與國土此消彼長。

　　四方鄰國前來朝賀，才華和膽識碰撞出的宏偉令人驚訝，天下共主的威嚴讓寶座上的帝王成為史官們推崇的範本。

　　五湖四海融為一體，來自靈魂深處的思想共鳴與文化認同比血流成河高明得多。

六合之外，同樣精彩的世界亟待人們去開發；七巧玲瓏的製作技藝，也因為源遠流長的絲綢之路傳遍歐亞大陸，最終成為全世界共同的財富。

八面威風的將軍用善聽和善斷的非凡能力，完成關乎生死的兵家大事。

九死一生的將士們以扛鼎之力，讓宏偉的理想最終落實。

國泰民安的富裕和繁華中，陣容強大的智慧團隊創造出十步芳草的奇蹟。聰明才智描繪出文化的絢爛，伶俐與智慧交融之時，中華文明的繁榮昌盛水到渠成。

目錄

序言

第1章：承——一朝天子一朝臣

800諸侯分天下 /12

50兩黃金的承諾 /17

400儒生遭活埋 /22

1700年的丞相 /26

9.6萬錦衣衛 /30

3年知府10萬銀 /34

第2章：忠——二分明月故臣心

23篇傳世名作 /40

40年塞外生涯 /*44*

19年的大雁 /*47*

大漠13年 /*51*

813名復國將官 /*55*

10年無間道 /*59*

第3章：亂——三足鼎立各為政

20萬精兵敗赤壁 /*66*

291：106：145 /*70*

千里走單騎 /*74*

幽雲十六州 /*77*

全球50%以上的「GDP」 /*80*

第4章：尊——四方來賀稱霸主

200里的阿房宮 /*86*

西漢13州 /*89*

220公尺寬的長安街道 /*93*

67歲的女皇帝 /*96*

19個附屬國 / 100

第5章：諧──五湖四海互融合

秦掃六合 / 106

胡笳十八拍 / 109

五胡內遷 / 114

十三洋行 / 118

第6章：通──六合之外有乾坤

絲路36國 / 122

西元1年的佛光 / 126

6000公里明長城 / 130

2.7萬人的船隊 / 133

651位使者 / 136

300艘軍艦 / 139

第7章：巧──七巧玲瓏盡繽紛

497個銘文 / 142

49克素紗 / *145*

光學八條 / *149*

14件秘色瓷 / *152*

1892種本草 / *156*

第8章：勇——八面威風真將軍

一將滅五國 / *162*

10萬精兵護孫臏 / *166*

兵法13章 / *168*

七擊匈奴 / *171*

19歲的將軍 / *175*

300里上林苑 / *179*

第9章：淒——九死一生唯兵士

165萬屍骨 / *184*

40萬趙軍被活埋 / *188*

8萬將士與風聲鶴唳 / *192*

百萬黃巾入塵埃 / *195*

250餘水兵的覆沒 / *199*

第10章：慧——十步之內有芳草

305篇詩經 / *204*

唐詩三百首 / *208*

「竹林七賢」的魏晉風度 / *211*

281個洞窟裡的9010尊畫像 / *215*

20000首宋詞 / *218*

130個歷史人物 / *221*

後記

第1章

承——一朝天子一朝臣

800諸侯分天下

對於大多數人來說，周朝天子的故事是遙遠又陌生的。

《封神演義》中，周文王和周武王帶領姜子牙等人將商紂王和妲己滅亡的典故許多人耳熟能詳，烽火戲諸侯的歷史鬧劇也給後代很多啟發。可惜，除此之外，其他姬姓帝王的故事卻很少有人知道。雖然周朝天子在諸侯國中處於眾星拱月的狀態，但不可否認的是，他們的知名度卻連諸侯國的臣子都不如。

是什麼造成這樣奇特的歷史現象？堂堂天子的風頭為何會屢次三番地被相繼崛起的強國諸侯王取代？

這一切，還要從周王朝的建制說起。

所謂「禹傳子，家天下」，中國原始社會長期存在的禪讓制在大禹將帝位傳給自己的兒子以後，徹底被世襲制取代。從那以後，天下就成為某個特定姓氏的家族擁有的私有物品，夏朝和商朝也同樣延續這樣的制度，並且在風雨飄搖中持續長久的統治。

商朝末年，紂王登基，已經步向垂暮的殷商統治因為紂王和妲己的荒淫無道而變得岌岌可危，各地民憤激昂、怨聲載道。最終，岐山（今陝西岐山）的姬昌接過代表民眾意志的大旗，率領屬下臣民開始討伐商紂，並且成功改朝換代，將國號由「商」改為「周」。

周朝建立以後，為了獎賞有功之臣和姬姓一族，周文王延續商朝的分封制度，將國家的疆土分成小塊，賜給和自己戰鬥過的親信，邦國制度為

基礎的「封邦建國」由此拉開序幕。

按照周朝的規定，天子擁有國家的統治權，《詩經》「普天之下，莫非王土」的名言，說的正是這種天子對土地的最高所有權。作為天下共主，天子可以對土地進行隨意切分，也可以將土地作為禮物送給有功之人。從天子手中接過土地饋贈的人稱為「諸侯」，他們在自己的土地上建立起來的統治區域稱為「國」。

作為一「國」之主，諸侯對土地享有實際的主權，儘管邦國的級別有公國、侯國、伯國、子國、男國五個層級，但是無論級別高低，諸侯對自己的國土也享有再次分割的權力。諸侯把國土再分給屬下的時候，擁有那塊土地的人稱為「大夫」，土地也改名為「家」，或是「采邑」。

「家」的所有者大夫對所屬土地的所有權不及諸侯，大夫對土地只有治權，沒有主權。加上天子對諸侯王國只有產權，沒有治權，所以從東周到西周，對土地擁有實際處置權的角色只有諸侯。這種權力分配的結構下，諸侯國君主憑藉人民的勞動成果稱霸一方顯然是可能的。

起初，各國經濟發展平衡，周朝天子直接管轄的「王國」無論在地位上還是經濟實力上都是首屈一指，天子的地位也因為「至尊」而和「至強」相等同。周朝建立之初，天子對屬下的犒賞十分闊綽，分封的諸侯非常多。具體的數目無從記載，但是從史書上「八百諸侯會盟津」[1]的描述，不難知道周朝諸侯國密布的政治形態和疆土結構。

後來，隨著社會經濟的發展和各諸侯國繼承人之中優秀者的更迭，天子一人獨大的局面被慢慢打破。原先因為周朝「禮制」勉強維持的天子地

---

1. 《史記‧殷本紀》記載「周武王之東伐，至盟津，諸侯叛殷會周者八百。」

位開始受到各方挑釁，甚至發生「天子挨打」[②]的歷史事件。

西元前720年，周平王駕崩，其孫姬林繼承王位，成為周朝新一任的天子周桓王。在此之前，強弱懸殊的諸侯國之間的兼併戰爭不斷發生：鄭國兼併戴國，齊國兼併譚、遂兩國，楚國兼併息國……小規模的諸侯國在地位上不比強國低，但是實力不濟的它們還是在弱肉強食的規律中淪為強盛諸侯國擴張的對象，周王朝也因為這樣的戰爭變遷形成新的政治版圖。

西周初期，諸侯國眾多，天子在眾星拱月中位高權重，到周平王時期，周朝都城從鎬京（今陝西西安）轉到雒邑（今河南洛陽），進入東周時期的周王朝。版圖上，中原地區強盛的大國「濃縮」成為近似於諸侯國的小國。諸侯國對周天子的影響越來越大，這其中，對周王朝來說最重要的兩個國家是虢國和鄭國。

周平王時期，鄭國國君是鄭莊公，從輩分上說，他是周平王的弟弟，周桓王的叔公；虢公因為對周朝有功，被天子提升到公爵的地位，雖然他不是王室宗親，但是他所在的國家卻比鄭國的地位還要高。

作為天子，平衡屬下的政治力量是一種智慧。周桓王從祖父周平王手中承襲天子之位，如果可以堅持周平王維持平衡的手段，周朝天子的崇高地位或許還可以延續一段時間。可惜，周桓王年輕氣盛，尚未參透自己所處的政治環境，他的莽撞給他帶來不小的災難。他將天子的一半權力送給他更喜愛的虢公，政治平衡被打破，鄭莊公的不滿成為周朝天子的隱患。

作為長輩，鄭莊公對天子的做法很不理解。論親疏，自己才是天子的

---

2. 《左傳・桓公五年》記載「戰於繻葛……蔡、衛、陳皆奔，王卒亂，鄭師合以攻之，王卒大敗。祝聃射王中肩，王亦能軍，祝聃請從之。」

「家人」，所以在鄭莊公的眼裡，天子不信任自己的叔公反而寵信外姓諸侯的行為根本就是不合理的。一氣之下，他命人將周王國的麥子和穀子一併收割了。

周桓王見鄭莊公向自己發起挑戰，也與鄭國對抗起來，雙方礙於原先的面子僵持三年，直到「繻葛之戰」爆發，這個局面才被打破。西元前707年，周朝天子以御駕親征的名義，率領屬下兵士討伐鄭國，鄭莊公帶領自己的兒子和手下的精兵強將前往迎敵。雙方在繻葛（今河南長葛）相遇，大戰一觸即發。

周桓王自詡為天下共主，軍隊的數量也比鄭國多，所以戰爭剛開始，還是很有信心。可惜，鄭莊公和他的將士們也不遜色。周桓王意外地輸了，更因為閃躲不及而被弓箭射中肩膀。

負傷的周桓王繼續作戰，但是頹勢難轉，天子和慘敗的軍隊往回逃。鄭莊公的謀臣們勸說鄭莊公乘勝追擊，鄭莊公原本想要直接了斷周桓王，但是考慮到周桓王一死，天下無主的局面會更加混亂，還是選擇放棄追擊。

就這樣，周桓王逃過一劫，但是周王朝的形勢卻從此發生不可逆轉的變化。

從那以後，天子的權威不再是不可被挑釁的，諸侯王和天子的關係也開始因為實力的變化而發生變化。諸侯王開啟「問鼎」中原的霸主模式，「春秋五霸」齊桓公、宋襄公、晉文公、秦穆公、楚莊王，先後成為周朝政治規則的制定者③。各國的戰爭因為權力和土地的分配不均而變得頻繁，應該主持公道的周朝天子因為軟弱無能而變成無所事事的旁觀者。

西元前453年，姬姓諸侯國晉國被韓、趙、魏三國所滅，東周列國從

春秋時代進入戰國時代。兼併戰爭依然不斷發生，中原地區徹底成為齊、楚、燕、韓、趙、魏、秦「七雄」逐鹿的舞台，周天子更成為形同虛設的所在。

西元前256年，秦王嬴政橫掃六合直接滅掉東周，周朝天子終於從歷史中消失。周天子不再，周王朝的輝煌只能停留在《封神演義》的神話傳說中。畢竟，與不斷奮進的諸侯國相比，停滯不前的周王國更像一種附庸。

---

3. 這五位來自《史記》記述，另據《荀子・王霸》記載「春秋五霸」為齊桓公、晉文公、楚莊王、吳王闔閭、越王勾踐。

50兩黃金的承諾

人們經常說「君子一言，駟馬難追」，也經常說「人生在世，一諾千金」。這些句子聽起來通俗易懂，但是真正做起來卻不簡單。尋常小事中，我們因為不夠堅定而放棄承諾或許沒有多大關係，但是對於致力改革的變法者來說，信守諾言卻是保證法令得以推行的重要品格。

作為中國歷史上著名的變法先行者，商鞅在信守承諾方面可謂後世楷模。當年，他變法之前關於50兩黃金的承諾，讓秦國的新律令成為切實可行的律令，商鞅變法的措施也因為博得民眾的信任，成為秦國走向富強的關鍵。

那時，商鞅獲得秦孝公的信任，並且在秦國推行改革。傳統思想的束縛下，秦國人對商鞅提出的惠民政策不太相信。很多人對他的政令不感興趣，王命雖然下達了，但是真正執行的人不多。為了贏得民眾的認同，商鞅決定用老百姓最容易理解的方式，表現改革的決心和政策的可行性。

一天，商鞅處理完手上的事務以後，命人在都城的城門邊放置一個巨型木樁，並且親自擬寫告示，宣稱如果有人可以將木樁抬至指定位置，就可以依照約定獲得10兩黃金。

商鞅原本以為這則告示可以引來躍躍欲試的民眾，豈料，告示張貼以後，圍觀者眾多，回應者卻一個也沒有。看著民眾們停滯的腳步，商鞅十分理解，畢竟在秦國昔日朝令夕改的氛圍中，百姓對政令有所懷疑也是情有可原。

為了讓民眾鼓起勇氣，商鞅決定將賞賜的黃金由10兩提高至50兩。所謂「重賞之下必有勇夫」，一個戰戰兢兢的農夫走到告示前，仔細詢問看守的士兵賞賜規則以後，一鼓作氣地將木樁從城牆邊抬到商鞅指定的地點。

圍觀的民眾還在小聲議論，木樁落地的那一刻，商鞅的50兩黃金如約地呈現在農夫的面前。一瞬間，眾人譁然，他們對自己的膽小謹慎感到後悔，也為敢於跨出第一步的勇士感到驕傲。

就這樣，一個小小的承諾讓商鞅成為秦國最言而有信的人。在此之後，各項改革政令的推行因為信用的保障而變得順利。秦國積弱不振的局面開始改變，旨在發展改變現狀的法令嚴重地損害秦國舊貴族的利益，但是田地可以自由買賣的條款卻讓秦國的經濟活躍起來，國家的生產力也因此大幅提升。

這場改革距離秦王嬴政統一六國的偉大時刻還有相當遙遠的歷史距離，可是這場觸及秦國的經濟命脈——土地的變革，卻為秦國的崛起打下堅實的基礎。

嚴格意義上說，商鞅不是一個幸運的人，他和秦孝公的默契也不是一蹴而就。商鞅出生在衛國，原本想要「取悅」的君王不是秦孝公。在魏國時期，他曾經以謀士的身分參與朝政，也曾經對魏惠王提出建設性意見，可惜，商鞅和魏國終究沒有緣分，奸臣的陷害讓他離開魏國，不得志的商鞅只能周遊列國，四處漂泊。

那時的商鞅博學多才，見多識廣，雖然他是法家的代表人物之一，但是不妨礙他對其他哲學思想的學習。百家爭鳴的時代裡，商鞅因為和其他學派學者的交流而對各派思想有所瞭解，這其中，儒家和道家的學說更是

商鞅除了法家學說以外最熟悉的學說。

流浪的日子裡，商鞅對各國百姓的生活有更多的認識。多年以後，聽聞秦國招賢納士的消息，商鞅在好友的陪同下，來到秦國尋找新的機會。

在這個與自己羈絆甚深的國度裡，商鞅放下自己衛國國君後裔的身分，從頭開始，用獨特的學說和卓越的口才說服身邊的秦國人。終於，在成功贏得秦國大臣景監的信任以後，商鞅擁有第一次拜見秦孝公的機會。

那時，包括道、儒、法、墨在內的各派學說都在飛速發展，各個學說的創始人與傳承者也在竭盡全力地尋找支持自己學說的君主。這種情形下，秦孝公接見的人不在少數，商鞅只是眾多勸說者之中的一員，所以他的到來並未引起秦孝公的興趣和關注。

景監告訴商鞅，面君機會難得，所以一定要把握機會，將自己最好的一面展示出來。可是，出人意料的是，商鞅竟然在這次會面中主動放棄最擅長的法家學說，轉而選用道家的主張作為開場詞推薦給秦孝公。

結果可想而知，商鞅的遊說沒有贏得秦孝公的青睞。

道家講究無為而治，順其自然，這種說法對太平盛世的君主來說是有吸引力的，可是對於急切渴望改變秦國面貌的秦孝公來說，卻是沒有實際意義的理論。昏昏欲睡中，秦孝公敷衍地聽完商鞅的論述，見秦孝公一言不發，商鞅也不敢多說什麼。

首次會面沒有成果，景監埋怨商鞅浪費大好機會，商鞅卻暗暗竊喜。他勸說景監，要求他再給自己一次面見秦孝公的機會。景監無奈，但見商鞅如此誠懇，只好再幫好友一次。幾日以後，商鞅又來到秦孝公面前。景監希望新的會面有所突破，可惜，商鞅這次勸說秦孝公接受的依然不是法家學說，而是儒家的仁治思想。

儒家入世和建功立業的思想與道家的淡泊相去甚遠，但是國內一片混亂，過分的仁慈只會帶來更大的混亂。所以，第二次見面，商鞅的理論還是沒有引起秦孝公的興趣。景監期盼商鞅好好表現的願望沒有達成，碰了一鼻子灰的商鞅卻因為秦孝公的冷淡而更加胸有成竹。

透過「反其道而行之」的做法，商鞅探明自己與法家學說在秦國的生存空間。他告訴景監，如果有第三次見面的機會，一定可以讓秦孝公對自己刮目相看。景監對商鞅的信誓旦旦有些懷疑，但是身為臣子，前兩次的失敗卻讓他更渴望皇帝的信任。不得已，景監第三次向秦孝公引薦商鞅。秦孝公對這個反覆勸說自己的商鞅有些不耐煩，但是在這個倔強的衛國後裔將自己主張的法家思想全盤托出的時候，秦孝公的思緒被牽引住了。

商鞅理解秦孝公亟待改變現狀的心情，也知道透過什麼途徑才可以達到改變的效果。按照商鞅的說法，想要改變國內死氣沉沉的生產局面，就要改變土地不可自由買賣的現狀；想要加強中央對地方的管理，就要設立郡縣，由君王對國內事務進行統一籌劃。

秦孝公認真地聽完商鞅的觀點，內心久違的火焰重新燃起以後，果斷將商鞅納入朝堂。商鞅提出的改革讓秦孝公甚感欣慰，但是他對土地的改革卻引來別人的非議。面對質疑，商鞅憑藉秦孝公的信任和卓越的辯才，在滿朝文武的反駁中贏得勝利。旨在改變秦國內部生產關係的改革佔上風，關於50兩黃金的承諾也是在這個時期上演的。

可惜，和喜悅的開場相比，商鞅最後的下場卻是悲慘的。秦孝公死後，商鞅的新政失去繼續推行的依靠，當年因為利益衝突而與商鞅結下仇恨的太子登基為秦惠王，商鞅因為王上與貴族的憎惡而獲罪，最終在車裂的酷刑中，結束自己47年的人生旅程。

改革從來不是一件簡單的事情，失敗是不可避免的，但是改革的歷程同樣可以推動歷史的發展。那些留在記憶深處的、關於承諾的德行，也會因為故事的流傳而融入後人的血液，最終形成中華民族不可多得的精神品格。

400儒生遭活埋

　　作為人類的最高意識，思想這個事物是否統一，向來是統治者最關心的問題。人心一致，天下歸一；人心渙散，天下動盪。戰馬和兵器可以帶來帝國疆域上的統一，但是如何才可以做到「天下歸心」，不同朝代的統治者有不同的答案。

　　清代，滿人的入關曾經遭到漢族的激烈反抗，眾多維護明朝統治的漢人寧可「斷頭」也不肯「斷髮」。面對這樣的抵抗，愛新覺羅氏曾經用暴力施壓，但是他們真正進入紫禁城成為一國之主的時候，強調漢族文化至上的滿漢融合理念卻成為統治者消除民族隔閡最重要的統治策略。

　　西漢時期，黃老學說和儒家思想並駕齊驅，社會上兩派學者對抗激烈，宮廷中的竇太后與漢武帝信奉的思想截然不同。面對思想混亂的局面，劉徹深知國家上下齊心的重要性。為了統一思想，漢武帝最終選擇「罷黜百家，獨尊儒術」的道路，將儒學作為正統學派，以國家的名義將其他思想歸為旁類。

　　縱觀歷史變遷，以暴制暴換來的臣服終究不是長久之計，想要得民心，唯有緩和的國家政策才可以取得理想的效果，剛從父親那裡繼承王位的劉徹知道，馬背上得天下的愛新覺羅氏也知道。

　　但是，雄霸天下、橫掃六合的秦始皇卻在這個問題上未能想通。

　　統一六國以後，秦始皇「書同文、車同軌」的提議符合歷史潮流。七國並存時期，諸侯國雖然承襲周朝的禮制卻「貌合神離」。齊、楚、燕、

韓、趙、魏、秦這七個國家都擁有自己獨立的文字和度量衡，即使是車輛的輪軸大小與車道的寬窄也不相同。

各國之間的制度差距很大，通用或是互換幾乎是不可能的。西元前221年，秦始皇在版圖上統一中原各國，但是同一個國家的人們還是不能用同樣的文字交流，也不能用同樣的貨幣購買彼此手中的物品。從這個角度上說，秦始皇尋求統一的做法是順應歷史潮流的。

他粗暴地廢除其他六個諸侯國的文字和度量衡，要求所有的郡縣用同樣制式的馬車，修同樣寬的道路。人們還沒有從前朝的習慣中回過神來，官府的布告和政令已經布滿街道各處。

對貨幣和度量衡的改變，人們的反抗不算太大，所以秦始皇的做法雖然霸道蠻橫，但是舊國臣子的憤怒不明顯。但是，和身外之物相比，思想意識上的改變就沒有那麼容易。同樣粗暴的手段被用在思想統一上，學者和百姓的反抗接踵而至。

春秋戰國是中國歷史上最混亂的時代之一，卻也是中國哲學思想最繁花似錦的時代。道家的無為而治、儒家的仁治禮義、墨家的兼愛非攻、法家的依法治國，這些看似不相容的哲學思想雖然各不相同，但它們都是先哲們在戰火中悟出的生存之道。

各家學說都有令人信服的閃光點，即使真的需要分出高下，劉徹那樣的溫和手段也不失為一種好方法。畢竟，誰也不會輕易改變已然融入生命並且成為習慣的思想意識。可是，馳騁中華大地數十年的嬴政卻用暴力激化學派之間的衝突。

在他看來，儒家學說提倡的「克己復禮」對推翻周王朝的新帝國來說是巨大的思想威脅。儘管孔子的學說中還有許多關於仁義的教導，但是

只要它可以引起人們對舊王朝的「留戀」，將儒學徹底剷除就有名正言順的理由。再加上李斯是法家出身，他對韓非以外的聖人心生排斥也是正常的。

就這樣，熊熊大火將儒生們奉為經典的竹簡燒成灰燼，「固執己見」換來的是利箭刺穿頭顱的悲劇。關於「焚書坑儒」，有些歷史學家曾經提出質疑，認為這場前所未有的文化風波是後世為抨擊秦始皇而故意製造的藉口。很長一段時間，針對這個新穎的說法，歷史學家模稜兩可，可是秦始皇陵的附屬墓葬中殘破頭骨出土的時候，一切的對峙都在瞬間化為煙塵。

透過現代儀器的檢測，那些殘破的頭骨上留下的不規則裂痕來自鋒利的短箭。橫掃六合時期，秦國的弓箭就以鋒利、精準聞名於世；統一六國以後，秦國戰場上的兵器轉而成為鎮壓反抗的凶器。遠距離的武器用在近距離的射殺上，噴湧而出的血液觸目驚心。巨大的衝擊力讓頭骨碎裂，這種殘酷可想而知。

秦始皇與李斯用「焚書坑儒」的手段強迫儒生們屈服，在儒生們內心深處沸騰的不服氣卻讓儒家學說有延續的可能。沒有文字，人們用口頭傳授將哲學精髓延續下來；學堂的書被燒了，家中的藏書卻被儒生們隱秘地保存下來。

多年以後，秦朝被推翻，那場旨在毀滅「異端學說」的運動成為史上最大的笑話。儒生們小心地將艱難傳承的經典重新公開，幾近滅絕的哲學思想迎來再次生根發芽的機會。

那場大火終究沒有將珍貴的思想毀於一旦，我們感慨世事無常，更珍惜文化的傳承。從這個角度上說，儒學之所以能逃過一劫，根本原因不是

在於儒生們的「幸運」，而是在於它提倡的仁治與人們渴望和平的理想和嚮往不謀而合。社會的安定呼喚仁治的到來，儒學重新流行也就有可以解釋的理由。

1700年的丞相

　　古代管理制度中，真正稱得上「一人之上，萬人之下」的官職，絕對是一朝的丞相。長達2000多年的封建社會中，丞相這個官職存在有1700年之久。秦朝初期，丞相這個職位就開始存在，直到雍正設立軍機處這個在列位臣工中絕對算得上核心職位的職務才被撤銷。漫長的年月裡，眾多丞相們雖然沒有擁有皇帝和王室天生的權勢和榮耀，但是他們的一舉一動和思想動向卻可以改變朝堂的風向和國家的走勢，甚至在一些皇帝昏庸不堪的朝廷裡，權傾朝野的丞相還可以主宰皇帝的命運。

　　丞相的權力為何如此巨大？這個位高權重的官職又是如何演變，並且最終走向衰亡？

　　丞相，原來的名字叫做「宰相」，「宰」為主宰，「相」為輔助，兩個字合併在一起的意思為「主宰者的輔助」。戰國時期，各諸侯國的王都有自己的宰相，他們的任務是輔助諸侯王做出決策，並且以絕對的權威保證皇帝的命令被執行。那時，齊國的管仲、秦國的李斯都在自己的國家擔任宰相一職。

　　後來，秦朝統一六國，紛亂的戰國局面被強盛的秦王朝取代，李斯從諸侯王的宰相變成秦王朝的宰相。為了和先前的朝代有所區別，秦始皇透過發布政令，將「宰相」的稱呼正式更名為「丞相」，但其職責依然是輔助皇帝做出決策，同樣位高權重。

　　後來，暴秦被滅，劉邦取代秦二世成為新的君主。在機構的設置上，

漢朝吸收秦朝的經驗，實行郡縣制與諸侯國結合的新制式，官位設置上，漢朝也仿造秦朝，保留丞相的職位，並且更名為「相國」。為了防止出現像李斯這樣一人獨大的丞相，漢朝設立御史大夫作為其副職，以此牽制丞相的絕對權力。必要的時候，皇帝還會設置左、右丞相，以此形成對峙局面，防止丞相將朝堂變成自己的一言堂。

漢朝時期，丞相的位置因為皇帝的喜好和治國策略而出現反覆廢立的局面。漢武帝時期，丞相的位置未曾空缺，任職者被授予處理日常行政事務的權力，但是因為皇帝經常在內廷辦理朝政，所以國家的政務中心轉移到內廷。掌管內廷的尚書台長官地位不高，但是他說的話卻比丞相管用得多，丞相因此被無形地架空，地位有些削弱。

漢哀帝時期，丞相又被更名為大司徒，與大司空、太尉共同輔助皇帝決策。漢獻帝時期，丞相一職重新出現在歷史舞台上。漢室衰微的氣象下，曹操出任丞相，並且成為朝堂上最有重量的人物，「挾天子以令諸侯」。儘管《三國演義》各派英雄對曹操這個做法十分鄙夷，但不可否認的是，曹操卻因此成為北方最大的政治勢力。

到了魏晉南北朝，丞相的名稱因為國家林立的政治局面翻出許多新花樣。宰相、中書監、中書令、侍中、尚書令、僕射、錄尚書事，都是對一國丞相的稱謂。儘管名目不同，丞相對皇帝造成威脅的局面卻沒有得到改善。

表面上看，這是權臣當道的腐敗，實際上卻是不同姓氏的臣子篡位奪權的手段。權臣說一不二，一言不合就將皇帝卸任，然後建立自己的國家。魏晉南北朝時期，統一的時間十分短暫，長達百年的歲月裡，民眾經歷多次改朝換代的政治風波，朝令夕改更像是家常便飯。

混亂的局面給百姓帶來沉痛的苦難，後世王朝的建立者吸取歷史的教訓，開始考慮如何分割丞相的權力。隋朝成立以後，三省制成為朝廷中最主要的機構設置制度。門下省、內史省、尚書省三省長官分權而治，門下省的納言、內史省的內史令、尚書省的尚書令都是國家的丞相，他們都對皇帝負責，對皇帝的作用也同樣重要。後來，唐朝延續三省制，只將內史省改名為中書省，內史令也因此被稱為中書令。唐高宗以後，為了加強皇帝的權威，朝廷對丞相的資格做出更嚴格的限制。三省長官雖然都可以輔助朝政，但是只有獲得皇帝賜予的「同中書門下三品」或是「同中書門下平章事」的稱謂才可以稱為宰相。武則天時期的狄仁傑，唐玄宗時期的姚崇、宋璟，都是因為獲得「同平章事」的稱謂才成為真正的大國丞相，其他的長官雖然職位也不低，卻不是真正的丞相。

　　到了宋朝，原先只做定語用的「同中書門下平章事」正式成為宋朝丞相的官名，其副職稱為參知政事。宋太祖廢除丞相和皇帝的「坐論」之禮，丞相站著聽從皇帝的指令，其地位因此大幅下降，從以前的朝堂「核心人物」變為朝堂裡的「主要人物」。

　　元朝時期，丞相不再是一人之下，萬人之上，因為這個職位變成皇太子治下的助手，而且常年設置左右丞相兩人。丞相向皇太子提出建議，再由皇太子將他們的諫言傳達給天子。

　　明朝時期，丞相的職位開始衰敗。朱元璋罷中書省，廢丞相，一切國家事務由皇帝親自決斷。此後，皇帝需要找人輔助政務，由內閣大學士協理文書，大學士在某種程度上和丞相有些相同，卻不稱相，稱為輔臣。

　　清朝沿用明朝制度，皇帝授予大臣們大學士職位，通常稱為「拜相」。類似納蘭明珠這樣的武英殿大學士雖然沒有正式的丞相身分，但是

在朝臣心中的地位卻等同於丞相，人們以「明相」稱呼位高權重的納蘭明珠也不無道理。

雍正時期，軍機處的設立讓內閣大學士成為閒職，軍機大臣取代大學士的地位，輔助皇帝決策的人也從原來的一兩人變成七八人。權力的分散，讓曾經集中的丞相權力變成虛無。從那以後，朝堂上再也沒有可以稱為「相」的官員，延續1700年的丞相制度在經過歷史的風吹雨打以後，最終悄然消逝。

9.6萬錦衣衛

錦衣衛是明朝在中國歷史上留下的最著名的詞彙之一。說到錦衣衛，很多人首先想到的是監督輿論的特務組織，但鮮為人知的是，錦衣衛最初設立的時候，最重要的職責是皇家的儀仗隊。後來，因為明太祖朱元璋需要進一步加強中央集權，鞏固自己對所屬地區的管轄，這支又是儀仗又是侍衛的隊伍才變成明朝專門收集軍事和政治情報的機構。

洪武十五年，朱元璋考慮到錦衣衛有非法凌辱、虐待囚犯的行為，曾經下令焚毀錦衣衛刑具，並且在裁軍過程中將錦衣衛進行刪減。但是明成祖時期，朱棣因為篡位的擔憂，再度恢復錦衣衛編制。這一恢復，讓錦衣衛成為歷史上最著名的特務機構之一。根據統計，明朝兩百多年之間，錦衣衛的人數達到9.6萬之多。雖然這個數量與對外作戰的部隊相比不算太多，但是將這支軍隊的力量分散到全國各地負責監聽，其威懾力也是令人恐懼的。

關於情報機構，中國歷史上並不少見，漢代的「大誰何」、唐代的「不良人」都是具有情報收集功能的機構。只是，和這兩個機構相比，錦衣衛的觸角更廣闊。一般來說，君王要監視的對象是屬下的臣子，平民百姓不會列入監察的範圍，可是明代的錦衣衛監聽的對象不僅有王公大臣和王侯貴族，更有市井裡的升斗小民和田間勞動的百姓。

按照朱棣的設定，錦衣衛的主要職能為「掌直駕侍衛、巡查緝捕」，沒有東廠和西廠之前，錦衣衛的首領稱為指揮使，一般由皇帝的親信或是

武將擔任，直接對皇帝負責，即使是王公大臣或是皇親國戚，也無法對他們構成威脅。

作為明朝皇帝加強中央集權最重要的組織機構，錦衣衛可以掌管刑獄。除此之外，它還具有巡察緝捕之權，下設的鎮撫司也可以對案件的犯罪嫌疑人進行偵查、逮捕、審問等活動。

錦衣衛的不公開審訊，可以收集大量的情報，為國家戰爭提供有力的資源，但是隱秘的地下活動也給當時的百姓帶來前所未有的恐慌。萬曆朝鮮戰爭時期，錦衣衛獲得大量的軍情，為戰爭的勝利奠定基礎，但是把這一招放在百姓的日常生活中，國家就會變得暗無天日。

後來，東廠和西廠成立，老百姓變得更加戰戰兢兢。

嚴格意義上說，東廠與錦衣衛沒有隸屬關係，但是因為它也是特務機構，所以人們經常以「廠衛」對兩者進行合稱。

東廠的全名是東緝事廠，成立於明成祖永樂十八年（西元1420年）。它是世界上最早的國家特務情報機構，分支機構的龐雜即使在今天看來也是不可思議的。當時，朝鮮半島也屬於東廠的監聽範圍，儘管它位於京師東安門，但是這裡流傳的消息，卻是涵蓋整個明朝的。

隨著東廠勢力的擴大，皇帝對這個機構的倚重越來越明顯。明朝中期以後，東廠的權力凌駕於錦衣衛之上，甚至錦衣衛也成為東廠監聽的對象。後來，皇帝覺得東廠無法滿足自己的窺探欲而增設西廠，雖然後者只存在一小段時間，但是這兩個只對皇帝負責、不需要經由司法機關批准就可以隨意緝拿臣民的機構，卻成為明朝宦官干政最重要的工具。

歷史上惡名累累的王振、劉瑾、馮保、魏忠賢，都曾經擔任東廠的廠公。剛開始，東廠和西廠抓到的犯人在審訊完成之後，會提交給錦衣衛審

判。那時，出於組織機構和協同工作上的考慮，東廠與西廠和錦衣衛之間是並列的關係，太監們不敢逾越本分。可是到了明末，東廠建立自己的監獄以後，錦衣衛和兩廠之間的平衡被打破。掌權太監藉由靠近皇帝的機會大肆排除異己，大太監成為明王朝實質的掌權者。逐漸地，兩廠與錦衣衛從原來的平級關係演變成上下級的關係，甚至錦衣衛對皇帝的彙報也要透過東廠的大太監傳達。朝中大臣對廠公畢恭畢敬，皇帝親率的錦衣衛指揮使見到廠公也要禮讓三分，有時候甚至需要磕頭朝拜。

和東西兩廠相比，錦衣衛雖然也是竊取情報的機構，但是錦衣衛的指揮使不像掌權太監一樣惡貫滿盈，其中值得一提的指揮使是明英宗時期的袁彬。

袁彬出生於侍衛家庭，他的父親是錦衣衛部隊中的一名校尉。39歲的時候，袁彬承襲父親的職務。「土木堡之變」時期，他與明英宗一同上戰場，並且在明軍大敗、明英宗被俘的時候，不離不棄，忠心耿耿。後來，明英宗復位，袁彬又在皇帝的授意下，平定曹吉祥和石亨的叛亂。明憲宗時期，袁彬因為出色的戰績和為國為君的忠心，被授予錦衣衛指揮使。在他任職的12年裡，錦衣衛一改招權、納賄、欺官、害民的形象，成為難得的忠君愛民的部隊。

西元1644年，李自成率領農民軍攻破北京城，明思宗朱由檢於煤山自縊。一個漢人王朝在農民起義的烈火中，結束兩百多年的統治。作為王朝附屬品的錦衣衛，也從此結束它的歷史生涯。

如今，很多人提到錦衣衛，最常用的詞語還是「矛盾」。作為皇帝加強中央集權的機構，錦衣衛的存在給國家帶來重要的情報，卻讓國家陷入恐慌；它對貪官汙吏嚴刑拷問，卻給無辜百姓帶來極大的恐慌。

那些冤假錯案還停留在舊王朝的記憶裡，新時代的制度與機構卻重新邁開步伐。清軍入關以後，愛新覺羅的皇室成員曾經仿效明朝制度在宮廷中設立錦衣衛，但是順治二年，急切需要還信任於百姓的清朝皇帝放棄錦衣衛這個存在兩百多年的機構。一紙批文，錦衣衛改名為鑾儀衛，從此再也沒有出現在歷史舞台上。

3年知府10萬銀

說到清朝的貪腐，人們首先想到的是乾隆年間被後世戲稱為「天下第一貪」的和珅。當年，他憑藉皇帝的信任和極高的地位，在朝廷內外大肆搜刮，乾隆去世以後，他的家產被一一抄沒，嘉慶和天下的百姓被他的巨額贓款所震驚。

根據統計，和珅的全部財產進行編號以後，總編號數竟然多達109。如此富有的府庫，同時期的朝廷國庫也難以匹敵，難怪民間童謠吟唱「和珅跌倒，嘉慶吃飽」，這樣的貪官不要說在清朝，即使是在中國歷史上，恐怕也很難找到相似的案例。

然而，讓人吃驚的不只是和珅的貪婪，真正讓人感到脊背發涼的是這種搜刮民脂民膏的行為，竟然成為清代官場的常態。「三年清知府，十萬雪花銀」的諺語流傳甚廣，諷刺的不僅是整個王朝的腐朽，更是普通老百姓的辛酸。

在清朝，可以算得上「巨貪」的官員不止和珅一人。老臣阿克當阿因為對下屬和百姓無休止的盤剝而被稱為「阿財神」，和珅之後，領班大臣穆彰阿因為富可敵國，成為滿族貪官中的「翹楚」。

1840年，鴉片戰爭爆發，危難邊緣的國家態勢依然無法阻止官員們貪腐的腳步。重臣琦善「繼承」前人的「優良傳統」，依然肆無忌憚地發國難財。

這個時期，中國的國民生產總值下降到全球的30％左右，但是擁有眾

多屬國的大清王朝仍然是世界上不可撼動的霸主，經濟文化也同樣處在世界領先水準。

可惜，這段美好的歷史沒有因為官員們的發憤圖強而被續寫，相反地，清朝官員將注意力集中在國內，並且以「精湛」的搜刮技藝，將分散在民間的財富收入囊中，即使民不聊生也無動於衷。

清代的貪腐之風為何會如此盛行？瀰漫在朝堂的不正之風又是從什麼時候開始萌生？

人們經常說「上樑不正下樑歪」，關於清朝的貪腐，雖然因素眾多，但是真正產生「帶頭」作用的還是皇帝本身。

清朝前期，國家的虛弱讓入關以後的清朝皇帝不敢過分享樂。順治帝入關以後，期盼滿漢共治的他積極整頓吏治，並且以身作則地提倡節約。康熙即位以後，平三藩、收台灣、消滅噶爾丹等重大政治舉措令國庫吃緊，所以康熙朝延續順治帝時期的勤儉作風，皇帝不鋪張浪費，大臣也不敢奢靡享樂。

隨著許多重大舉措的推進，康熙中期以後，國家的經濟狀況有明顯的改善，國力也顯著提升。但是隨後，君王對舊臣的寬容卻讓奢侈腐敗之風逐漸興起。以「仁」治天下的康熙，面對曾經和自己並肩作戰的兄弟們難開懲戒之口，他深知貪腐的危害卻無力扭轉。到最後，整頓朝綱、重塑節約之風的舉措還是沒有在康熙末年實現，這項任務最終只能由雍正皇帝完成。

大刀闊斧的改革，讓雍正成為天下官員公認的死敵，各種謀權篡位的謠傳讓雍正的皇位變得名不正言不順。幸好，雍正雷厲風行，在「火耗歸公」、「攤丁入畝」的改革措施推行以後，官場的奢靡之風得到有效的抑

制，國庫存款也從康熙去世那年的2700萬兩增加至3400萬兩。

可惜，這樣的優良傳統沒有在乾隆皇帝統治期間得到延續。儘管乾隆朝的盛世令人讚歎，但是隱藏在其中的貪腐奢靡卻為後面百餘年的腐敗埋下禍根。與康熙一樣，乾隆也到江南巡視六次，不同的是，乾隆的排場和場面比起爺爺在位時期增加許多。沿途接駕的車馬綿延千里，進貢朝奉的官員列隊歡迎。皇帝每到一處，當地官員大興土木為其建造亭台樓閣，其奢靡程度超過當年康熙南巡。

皇帝帶頭，臣子無意中地仿效隨之而來。在朝為官者十分講究排場，各地紳商地主享樂至上。依靠延續滿族親貴血統而無所事事的皇子和貝勒奢侈的習氣越來越嚴重，祖上傳承下來的騎射本領被遺忘，買官賣官的旁門左道成為他們的「致富手段」。

清朝後期，官爵的售賣成為眾所周知的官場規則。朝廷不會有明文支持這種行為，但是各級官員的價碼卻是公開的秘密。掌握封建社會官職資源的貴族和大臣，憑藉任免、出題、考核等環節的權力，大肆搜刮民脂民膏。重賄求官的上位者，上任以後秉持「不虧本」的原則，更加肆無忌憚的利用手中的職權盤剝百姓。

除了朝堂風氣的影響，清朝各類苛捐雜稅也是造成官吏腐敗的重要原因。清末，面對西方列強的進犯，清廷不得不考慮透過改革稅制來發展經濟。可惜，一盤好棋在別有用心者的解讀下，成為發財的「招牌」。假借「新政經費」名目的催繳通知，不斷下發到百姓的家中，官府文書裡的改革措施未見實效，官員們的口袋卻因為敲剝百姓而變得「充盈」。

辛亥革命的槍聲打破千年封建社會的禁錮，來自統治階級無休止的盤剝迎來終結的時代。朝臣們驚慌失措，甚至皇族只能在逃亡裡苟延殘喘。

但是，不管他們願不願意，已然失去的民心再也回不來。嶄新的時代在招手，人民渴望建立一個民主共和的新國家，更渴望過著當家做主的生活。

　　一個國家的崛起，離不開明智的君主和齊心的臣子，朝堂上下變得驕奢淫逸、不思進取的時候，一個朝代的滅亡也就成為必然的結果。

第2章

忠——二分明月故臣心

23篇傳世名作

中國人對詩歌的感情是融入民族血脈的，無論是古樸的漢代樂府還是朗朗上口的唐詩，或是近代以白話文為基礎的現代詩歌，都是中國人表達內心感悟最重要的方式與題材之一。開創詩歌浪漫氣息並且教導人們以香草比擬人性這個方法的詩歌鼻祖，正是戰國時期著名的愛國詩人——屈原。

在屈原出現之前，詩歌是集體創作的智慧。但是他的詩篇問世以後，這種用於誦讀或是歌唱的文學載體開始改變原先的屬性，成為個人文學才華和思想意識的表達途徑，詩歌也因為屈原而步入個體創造的時代。與後世眾多詩人相比，屈原的作品不算多，算上《九歌》11篇，《九章》9篇，《離騷》、《天問》、《招魂》各一篇，現今人們知道的出自屈原的作品總共只有23篇。然而，就是這些為數不多的作品，卻凝聚屈原一生的文學成就。

整體來說，屈原這23篇作品大致可以分為三種類型：第一種是從自己的親身經歷出發，抒發家國憂愁的厚重題材，例如《離騷》；第二種是借用神話故事書寫作者獨特的文學見解與歷史觀和自然觀，例如《天問》；第三種是最傳統的楚歌形式，也就是借用神人的口吻唱出對風調雨順的祈禱，以此作為祭祀用歌，不包含個人抒情的成分，例如《九歌》11篇。這三種類型的詩歌，因為作者獨創成分的多少進行區分，其文學價值也因此有所不同。它們之中，《離騷》因為融入作者強烈的個人情感和當時的歷

史事實而成為所有作品中當之無愧的代表作。

在屈原之前，《詩經》是中國詩歌的典範，四字一句的文字格式讀起來朗朗上口，在表達現實生活和個人感悟方面也是簡潔明快。到了屈原，詩歌改變一成不變的格式面貌，每一句的字數從四個為主擴展到五、六、七、八、九個不等，有時候甚至三個字也可以成為單獨一句。多變的文字排列，讓詩歌在朗朗上口的基礎上靈活許多。

屈原的出身不卑微，這一點在《離騷》的開篇部分有清楚的記載。「帝高陽之苗裔兮，朕皇考曰伯庸」這兩句大致的意思是：顓頊啊，我是你的後代子孫，我的先祖光輝燦爛的名字叫做伯庸。

說起來，屈原與楚王其實是同姓世家，他年幼時期自修美德的做法和他高貴的血統有一定的關係，身分賦予他的責任心和從小養成的報國心讓他有做忠臣的良好基礎。屈原從政以前的許多年，吳起在楚國曾經發起富國強兵的變法，被秦國蔑視多年的楚國經過這場變革迅速崛起，後來又聯合趙國大敗魏國，躋身大國行列。儘管吳起的政策因為觸動貴族的利益慘遭失敗，但是楚國的有志之士卻對這段歷史記憶猶新。這些人之中，自然包括屈原。

剛入仕途的時候，屈原因為卓越的才華和非凡的能力，成為楚懷王看重的臣子。用司馬遷《史記》的話來說，當時的屈原雖然年輕，但是「博聞強志，明於治亂，嫻於辭令」。楚懷王的信任對屈原來說是最大的褒獎，為了無愧於楚懷王的重視，也為了百姓可以有更好的生活，屈原位居左徒、三閭大夫以後，開始效仿吳起在楚國境內掀起轟轟烈烈的變法運動。

和商鞅、吳起等先賢類似，屈原變法的重點也是在於打擊舊貴族勢

力，力爭富國強兵。只是，屈原的初衷是良好的，依然昌盛的舊貴族卻不允許他將整個族群推向覆滅的邊緣。在小人的離間下，屈原和楚懷王的關係告急。屈原極力想要挽回局面，但是楚懷王那紙流放的文書讓屈原感到沮喪。

被孤立的處境與國家「民生之多艱」和「路幽昧以險隘」的局面相呼應，流放中的屈原孤獨無依，心裡的痛苦和對楚王不辨忠奸的氣憤只能透過綿長的詩歌表達。

世事蒼涼，屈原將追求真理的精神品格投射到自然界化作岸芷汀蘭，那些留在《離騷》字裡行間、充滿芬芳的香草，成為詩人的知己，也成為後世有志之士鼓勵和安慰自己的精神依靠。屈原懷著對國家的心灰意冷投河自盡的時候，一則懷才不遇的故事留在歷史裡成為唏噓。

人們同情屈原受到奸臣陷害而無法報國的悲壯，也對楚懷王的昏庸感到痛心。王上的偏聽會帶來朝堂的昏暗，奸臣當道讓屈原這樣的忠臣沒有發展的機會。

客觀地說，屈原最後的死亡是時代的悲劇，也是歷史的必然。楚懷王執政前期，鄰國眾多的楚國因為吞併越國，成為中原強大的國家。楚懷王的自負，讓這個國家的命運急轉直下。名將唐眛戰死以後，莊蹻又發動叛亂，楚國在動盪中國力大減。楚懷王失去定力，趕忙向鄰近的齊國和秦國求和，秦宣太后不顧往日交情，直接將楚懷王扣在咸陽宮中，並且要求楚國以土地交換國君。

一度成為強國的楚國因為楚懷王的昏庸和多次對秦國的挑釁走向衰敗，楚國與其他五國意識到秦國威脅的時候，形勢已經朝著統一的局面疾馳而去。為了抵抗秦國，蘇秦、公孫衍等人奔走各國，希望可以用六國自

北向南的「合縱」抗擊秦國。可惜，張儀等人的「連橫」政策最終佔上風。

換言之，身為楚懷王的臣下是屈原的不幸，和秦惠王的崛起抗衡也是屈原的不幸。秦國所向披靡、銳不可當，鄰近的楚國自然不能倖免。屈原縱身躍入汨羅江的時候，他悲哀的已經不是個人的榮辱，而是這個他傾注心血的國度可以預料的一敗塗地。

如今，端午節的龍舟和人們對屈原的紀念依舊在時間的滄桑裡延續，他傳於後世的23篇作品，也因為後人的紀念變得更珍貴，並且逐漸成為將東方的浪漫延伸至世界的最生動的遠古語言之一。

40年塞外生涯

說起東漢時期班固、班超、班昭三兄妹，史學界的學者們都會讚不絕口。雖然班氏家族算不上朝堂裡的權貴家族，其財富不能和富可敵國的商賈巨富相提並論，但是班家三兄妹在史學、文學、軍事、外交上的建樹卻十分出色。

班固的《漢書》與司馬遷的《史記》相得益彰，班昭的《東征賦》道盡邊關的苦楚和人們渴望和平的心聲。和長兄、三妹的以靜制動的歷史與文學創作相比，班超40年的塞外生涯將自己和東漢的威嚴傳播到西域各國。

在漢朝，出使西域的人不只班超一人，西漢的張騫也是響噹噹的「鑿空」西域的第一人。他們都是漢朝的棟樑，同樣出使過西域，曾經與匈奴正面衝突，克服艱難險阻換來西行道路的通暢。不同的是，張騫是文官出身，他在西行之路上扮演的更多的是使者的角色，班超卻是武將出身，他的西行之路是一條金戈鐵馬的「西戰」之路。

幼年時期，班超就表現出對西域的嚮往。長大以後，班超奉皇帝的差遣，先後出使鄯善、于闐、疏勒三國，並且成功說服三個王國的君王與漢朝恢復先前的友好關係。

永平十八年（西元75年），漢明帝去世，焉耆（今新疆維吾爾自治區焉耆回族自治縣）趁漢朝舉國同哀之際，圍攻西域都護使府邸，殺害都護陳睦。龜茲、姑墨（今新疆維吾爾自治區溫宿、阿克蘇一帶）等國見狀，

趁機發兵進攻疏勒，疏勒國王與當時駐守西域的班超相互呼應，與敵軍僵持一年有餘，雖然各有勝負卻開始力不從心。

漢章帝劉炟即位以後，見班超獨處邊陲十分艱難，下令讓班超回國躲避。皇命到達疏勒的時候，疏勒國百姓感到恐懼，同樣有此感覺的還有相鄰的于闐國百姓。看著恐慌的百姓們，班超心中不忍，於是遂了本心，「乃更還疏勒」[1]。

班超不在的時候，疏勒因為不敵龜茲而失去兩座城池，班超回來以後，逮捕疏勒反叛首領，並且重創尉頭國，使疏勒重獲安定。隨後，班超又率領一萬多士兵攻破姑墨，結束龜茲與姑墨聯手圍攻疏勒的局面。龜茲國被孤立，西域戰爭的整體局面被改變。

班超將自己的戰績上報到朝廷的時候，漢章帝對其大為稱讚。班超在上書中詳細闡述自己「以夷制夷」的策略和觀點，漢章帝讀後十分贊同，立刻增加班超的軍事力量，以助他完成平定西域的宏偉大業。

永元六年（西元94年），班超調發龜茲、鄯善等八國的部隊，共計7萬餘人，向戰爭的發動者焉耆進攻。班超進入焉耆以後，在距離王城20里的地方安營紮寨。焉耆國王措手不及，趕緊逃往山中躲避，班超得知消息以後，以宴請的方式將焉耆國王及大臣召到席間。

酒過三巡，班超號令士兵將赴宴者一舉捉獲。焉耆國王束手就擒，班超改命親漢的左侯元孟為新君，一場朝代更迭就這樣在酒宴上完成，西域的戰亂局面從此轉為平靜。

降服焉耆以後，班超又在當地停留半年，西域近60個國家在他的努力

---

1. 《後漢書・班梁列傳》。

下，全部歸附漢朝，班超的戰績令人讚歎。史籍中，班超最出名的稱謂是「定遠侯」，後人更是用「班定遠」將班超和他的功業聯繫在一起。這樣的名號既響亮又偉大，不僅是對班超安西定遠的描畫，更是對他平定西域這個功績的肯定與讚歎。

19年的大雁

蘇武，留胡節不辱。童年的歌謠裡，蘇武的形象雖然簡單，卻是堅貞不屈的代表。

年輕時期，蘇武的家境不算艱難，作為父親蘇建庇蔭下的次子，蘇武的生活過得十分快樂。長到一定年紀的時候，蘇武三兄弟因為父親的照顧而官拜郎中，蘇武更因為其出色的工作能力被漢武帝提拔為栘中廄監。

那時，漢匈關係不是很好，漢武帝和匈奴單于之間的戰鬥雖然互有勝負，但是彼此之間的偵察與刺探，甚至是人質的扣押未曾停止。有時候，匈奴會將漢朝使節扣留在當地，作為對大漢王朝的要脅，漢朝因為氣憤也會將匈奴使節反困在長安，逼迫匈奴妥協。

天漢元年（西元前100年），且鞮侯單于即位以後，為了改變漢匈之間劍拔弩張的局面，主動提出友好邦交的建議，並且將先前扣押的十幾批漢人全部送回長安。漢武帝感受到單于的誠意，爽快地將匈奴使節送回匈奴王庭，並且派遣蘇武以中郎將率領郎中張勝等人前往護送。

且鞮侯單于和漢武帝的舉動，既符合歷史發展的趨勢，也符合雙方的利益。蘇武欣然接受漢武帝的派遣，也是為了在兩國邦交中盡力，以此爭取邊境的安定。

可惜，這樣良好的局面不是所有人都願意看到的。

按照班固《漢書》的記載，且鞮侯單于手下的緱王與虞常因為對匈奴王與漢朝王室講和心懷不滿而計畫發動政變。緱王知道蘇武的副將張勝是

虞常在漢朝時期的舊相識，立刻派人前往遊說。張勝礙於舊時情義，同意參與政變。誰知，反叛者剛起事，且鞮侯單于就有所察覺。

一場從外到內的包圍戰，打得叛臣措手不及。緱王戰死，虞常被活捉，張勝的處境更是十分困窘。為了將叛賊一網打盡，且鞮侯單于命屬下嚴加審訊，虞常扛不住壓力供出張勝。且鞮侯單于聞言大怒，立刻找來蘇武與張勝，打算當場斬殺。

蘇武得知張勝參與謀反，心中十分氣憤，但是身為漢朝使節，他更為同伴這種有辱使節名聲的行為感到羞辱與傷心。張勝希望蘇武和他一起逃回漢朝，蘇武卻認為這種逃跑的行徑更可恥。不多時，張勝成為匈奴單于的囚犯，蘇武也因為同為使節的緣故被審判。面對匈奴單于對自己的質問和譴責，蘇武據理力爭。他強調自己不知曉也沒有參與叛亂，即使張勝獲罪，自己也不應該在株連的範圍內，但是單于與身邊的大臣們不相信他的說辭。

使節尊嚴的喪失，讓他急切地想要用自刎來證明自己的清白，幸虧衛兵搶救及時，蘇武才保住性命。蘇武甦醒以後，且鞮侯單于還是堅持蘇武必須承認所有罪行。蘇武執意不肯，單于逼迫他的想法卻更加強烈。就這樣，無辜的蘇武被囚禁在冰冷的地窖中，看守者不給他食物，希望用饑餓逼迫蘇武妥協。

冬天的雪從窗口飄到屋內，蘇武疲憊地躺在褥子上，一邊嚼著雪，一邊將氈毯作為支撐的對象勉強取暖。幾日下來，蘇武竟然沒有死去，看守者大為吃驚，立刻報告單于。

且鞮侯單于也感到驚訝，但還是命人將蘇武遷到北海，並且提出只有公羊分娩出小羊，蘇武才可以回歸漢朝的荒誕要求[1]。無奈，蘇武只能硬

著頭皮前往北海。沒有糧食，沒有居所，蘇武搭建簡單的帳篷，依靠挖掘野鼠儲藏的果實勉強度日。

艱苦的環境下，蘇武的容貌變得蒼老，即使在這種情況下，他依然堅定地握著使節的節杖牧羊，哪怕節杖破舊了，他也從未拋棄象徵使節身分的節杖。

被匈奴俘虜的漢朝將領李陵曾經被派到北海作為蘇武的說客，他告訴蘇武漢朝的事情，勸說蘇武歸順匈奴單于，蘇武不為所動。遼闊的草原上，蘇武恭敬地向南方放聲大哭，以此表達自己對故土的懷念和對漢朝皇帝的忠誠。哭泣以後，蘇武送走李陵，艱難的牧羊生活仍然繼續，可是他期盼重回漢朝懷抱的願望卻沒有消失。

整整十九年，蘇武沒有離開匈奴一步，可是漢朝沒有遺忘這個曾經的使節。幾年以後，漢匈達成和議，雙方重新派遣使臣往來。漢朝使節向單于詢問蘇武的下落，在場的匈奴人都說蘇武已經死了。過了幾年，漢朝使節又來到匈奴。

根據《漢書》記載，這一趟出使，漢朝使節編織一個美好的謊言。他對匈奴單于說，漢朝天子在上林苑射獵的時候，射下一隻大雁，大雁腳上繫著帛書，上面說的正是蘇武在北海的事情[2]。聽聞此言，單于只好向漢朝使節道歉，並且將蘇武依然被囚禁在北海的事情如實告知。

在昭帝使者的努力下，匈奴單于同意釋放蘇武，蘇武這個獨自在外堅持19年的「孤雁」，終於在始元六年（西元前81年）春天，重新回到故土

---

1. 《漢書》：「乃徙武北海上無人處，使牧羝，羝乳乃得歸」的記載。
2. 《漢書》：「言天子射上林中，得雁，足有繫帛書，言武等在某澤中。」

長安。漢昭帝感慨於蘇武的氣節，特許他前往武帝園廟祭拜。蘇武感激涕零，俯首在漢武帝的靈位前，久久不肯離去。因為他知道，只有那一炷香插在武帝園廟，當年那次出使才算是真正畫上圓滿的句號。

大漠13年

在張騫的眾多名號中，最令人佩服的是「探險家」這個稱謂。當年，如果沒有他超乎常人的膽識和勇氣，停留在傳說中的西域三十六國只是傳說，河西走廊和絲綢之路被「鑿空」的時間也會向後推遲。

雖然人們經常說時勢造英雄，但是張騫的橫空出世卻來自於他個人的選擇和信念。

漢武帝的雄才大略改變大漢王朝以往柔弱的對外策略，漢朝的軍隊在他的授意下，開始與匈奴鐵騎展開戰鬥。為了奪回受控於匈奴的河西走廊，也為了加強漢朝與西域各國的聯繫，漢武帝超越父輩們的思維局限，創造性地提出出使西域的政治策略，以期形成共同對付匈奴的國家聯盟。

此話一出，舉朝震驚。儘管所有人都知道出使西域的好處，但是坎坷的西行路程卻讓朝臣們望而卻步。

政令頒布許久，官吏們的反應讓漢武帝感到失望。就在他打算放棄這個想法的時候，年輕的張騫勇敢地站出來，主動承擔前往西域的重大使命。漢武帝將出使的權杖交到張騫手上的時候，君臣二人對與大月氏國的合作充滿期待，可是誰也沒有想到，張騫這一趟西行竟然跨越十三個春秋，不僅歷盡艱險還差點命喪匈奴。

關於張騫的身世與出生年月，史書上已經找不到確切的記載，但是這樣的缺失卻絲毫不影響他成為中國歷史上「第一個放眼看世界的人」。

身為漢人，張騫不懂得西域的文化和語言，漢朝找來歸降的胡人堂邑

父作為張騫的翻譯官，語言上的障礙在出發以前得到解決。剛開始，一切還算順利，但是進入河西走廊以後，事情就發生變化。那時，大月氏與匈奴的關係不和睦，雙方對戰中，大月氏節節敗退，匈奴的軍隊不給大月氏喘息的機會。為了生存，大月氏只能向南退去，任由匈奴佔領河西走廊。

匈奴人的鐵騎在張騫前進的道路上肆意馳騁，張騫的使團也因此成為他們的俘虜。匈奴的右部諸王將張騫等人送到匈奴王庭，軍臣單于得知張騫此行的目的是前往大月氏，立刻命人將張騫處決。情急之下，張騫再次表明自己使臣的身分，加上和親至此處的漢武帝的姐姐南宮公主的求情，軍臣單于最終放棄殺他的念頭，轉而將張騫當作奴隸，軟禁在自己軍中。

那段時間，張騫的生活徹底發生變化，無法過著正常百姓的生活，還成為匈奴人的奴隸，備受欺凌。長達十年的時間裡，匈奴單于軟硬兼施，幾乎用盡所有方法以瓦解張騫西行的執念和理想。他們還將本族女子作為禮物送給張騫，希望他安心在此處繁衍後代，不要再心懷西行的夢想。

然而，張騫的意志卻如同鋼鐵般堅硬。他從來不放棄自己漢朝使臣的尊嚴，也不屈服於匈奴人。他雖然在草原上娶妻生子，但還是利用所有可能來瞭解西域的文化和語言，以此尋找逃離此處的機會。

西元前129年的一天，張騫終於等來逃離的機會。他趁著看守的鬆懈喬裝改扮，逃離匈奴人的控制，朝著大漠更深處而去。十年之間，張騫的胡人痕跡越來越濃重，他換上胡服，用匈奴語言與看守士兵對話，人們很難發現他是來自中原的漢人，追查他下落的匈奴士兵也無從下手。就這樣，張騫成功離開匈奴人控制的區域，踏上天山著名的車師古道，毅然朝著新的方向而去。

被俘虜的時間裡，西域的政治局面發生巨大的變化，大月氏因為匈奴

和烏孫國的連續進攻，失去東部的土地。張騫得知這個情況以後，認為大月氏忙於自救，暫無時間與漢朝結盟，就在到達車師國以後，改變向西的路程，轉向西南，朝另一個西域大國大宛的方向而去。

一路上，崇山峻嶺，道路坎坷崎嶇，張騫在感受到風沙四起的惡劣以後，又感受到天山狼群的凶悍和一日四季的變幻莫測。

到了大宛以後，張騫說明自己的身分和來意。仰慕中原文化的大宛國王對張騫的到來充滿敬畏，以最高禮儀招待遠道而來的使者。張騫感謝大宛國王的招待，希望他可以派出使者和翻譯官與自己一同西行。大宛國王誠懇地答應張騫的請求，張騫「鑿空」的隊伍立刻壯大許多。

張騫在嚮導的指引下到達烏孫國，並且通過烏孫國的邊防，最終到達大月氏國。經過一年多的努力，張騫認為可以向大月氏國王提出聯合對抗匈奴的結盟請求，但是大月氏國王依然因為此前的戰敗而感到膽怯，最後還是拒絕張騫的請求。

張騫有些失望，但是結盟的事情本來就是非情願而不可為。他答謝大月氏國王的款待，又居住一段時間以後，才向國王提出回國的請求。大月氏國王見漢朝使節如此明理，派遣使臣陪張騫一同回國。

和剛出使西域的情景不同，張騫這次出行，少了幾分未知，多了幾分淡定。雖然回國的路上，張騫又被匈奴扣押一年，但是軍臣單于不久之後去世，匈奴陷入內訌的混亂中。張騫趁機逃離匈奴王的控制，並且成功回到都城長安。

漢武帝再次見到張騫的時候，這個「失蹤」十三年的使臣讓他吃驚。張騫講述自己在西域的經歷，漢武帝認真地傾聽。他講述的故事過於新奇，以至於後人書寫這段經歷的時候有更多的杜撰。但是不管那些故事多

麼荒誕，張騫出使西域本身就值得潑墨一番。

　　有了第一次出使的經歷，漢武帝在西元前119年再派遣張騫西行。對於張騫來說，第二次西行是順利的，但是充滿坎坷的第一次西行也值得紀念。那一次，他沒有說服大月氏與漢朝結盟，也沒有將烏孫、車師、大宛等國拉入統一的陣營中，他被匈奴俘虜兩次，幾百人的出使團隊因為敵人的襲擊而消失。可是，正是他敢於邁出西行第一步的壯舉，才有第二次的西行之旅，西域這個長久封閉的區域也因此變得通透。

　　因為張騫的出使，絲綢之路產生在歐亞大陸上橫空出世的可能，也因為他的遠行，東西方文明改變彼此隔絕的狀態，文化的碰撞讓世界更融合，也讓世人的生活更絢爛。

　　而這，正是張騫被後世讚頌的原因。

813名復國將官

在世界軍事發展歷史中，可以用個人姓氏冠名軍隊的人屈指可數。這些人之中，最為中國人熟知的就是岳飛及其麾下的「岳家軍」。

作為最富庶的朝代之一，宋朝在政治上的地位不如漢、唐，甚至明、清等王朝。儘管趙匡胤透過自己的智慧和屬下的英勇，終結唐末以後五代十國的混亂，但是這個中原王朝卻在北面游牧民族的陰影下沮喪兩百年。

到了南宋，宋人的地位更卑微，佔領遼闊北方的女真人對漢人的態度與遼、西夏相比，有過之而無不及。人們為疆土的淪喪感到悲涼，可是宋高宗卻偏安一隅，不思進取。

在他看來，從哥哥手上「撿」來的皇位十分寶貴，可以安穩地在龍椅上度過一生，也不枉自己投生皇家一世，至於光復失地一類的理想，對他而言過於遙遠，也過於激昂。宋高宗遮罩滿朝文武收復失地的願望，只將秦檜提請的與大金苟合的想法放在心裡。可是，被金人侵略以後迫切渴望復國的理想，豈是一個昏君的自我封閉可以澆滅？

從這個意義上說，岳飛和岳家軍的興起依靠的不是皇帝的個人喜好，而是激盪在尋常百姓心中的滿腔熱情。加上岳飛治軍有效，部隊紀律嚴明，他在朝堂上不如秦檜順利，但是在民間，甚至在女真人的心目中，岳飛都是英雄一樣的人物。

和農耕民族相比，游牧民族的好戰心態更明顯。女真人依靠馬背上的戰鬥迅速崛起，以「文弱」形象示人的宋人不被完顏氏放在眼裡。可是，

就是這匹「目空一切」的草原狼，卻對岳飛和岳家軍刮目相看，女真民間傳唱的歌謠說出「撼山易，撼岳家軍難」的擔憂和恐懼。

漢代的衛青七擊匈奴無一敗績被傳頌千年，李廣也因為「不教胡馬度陰山」而成為名垂青史的將軍。

作為「中興四將」之首，岳飛自20歲從軍到人生落幕，參與的戰爭多達數百場。在這些戰爭中，他扮演的角色不盡相同，相同的卻是最後的凱旋。從無敗績的岳飛憑藉赫赫戰功，從一個普通的士兵變成勇冠三軍的豪氣將軍，驕傲的女真人遇到了難題。

從數量上說，岳家軍總共包括十幾萬將士，士官多達813名。這十幾萬人分為12支部隊，具體包括岳飛親自坐鎮的背嵬軍，張憲、龐榮、王貴、牛皋、王經統制的前、右、中、左、後五軍，以及踏白軍、勝捷軍、破敵軍、選鋒軍、游奕軍、水軍六個部隊方陣。這其中，主力的核心正是大名鼎鼎的背嵬軍。

「背嵬」一詞不是漢人的詞彙，它是党項西夏語的音譯。「嵬」是酒瓶的意思，西夏的軍隊中，將軍的酒瓶是由親信士卒背負，背嵬軍也因為這樣的習慣，引申為大將親軍的意思。

作為最重要的部隊編制，背嵬軍的士卒在選拔的時候十分嚴格。日常練兵中，只有軍事技能比武勝出的士卒才有資格成為背嵬軍的後備人選，登記在冊以後，旗頭和押隊一類的下層軍官陣亡，這些優秀士兵中的佼佼者才有機會補充進去，以此保證部隊力量的持續性。

在被登記之前，這些士兵是多次選拔的優勝者，但是來到背嵬軍中，他們卻成為眾多高手之中的普通一員。即使如此，他們依然是軍中最優秀的力量，所以背嵬軍普通在編的士卒都可以享受與岳家軍各級統制相同的

尊重和犒賞。

這樣的選拔和獎勵機制，讓背嵬軍的戰鬥力變得非常強大，每當戰事膠著，可以幫助岳家軍和南宋打開局面的必然是背嵬軍。每仗必勝成為背嵬軍的神話，他們也因此成為戰事最激烈時期的突擊隊和先鋒隊。

值得一提的是，背嵬軍戰鬥力強悍的另一個重要原因是背嵬軍中那支8000人的精銳騎兵部隊。南宋初年，戰馬緊張，各支駐屯大軍無法與女真鐵騎抗衡，主要是因為步兵不能與其野戰拼殺。所以，岳飛大軍在剿滅曹成的時候，廣西經略安撫司的戰馬支持，提供岳飛組建騎兵集團最重要的支持，宋人也因此有敢於面對女真的本錢和勇氣。

後來，岳飛利用交戰之際，積極收穫戰馬，並且在隨後組建南宋歷史上第一支真正的騎兵。背嵬軍的騎兵和步兵相互配合，人數達到15000人，其所向披靡的原因也在於此。

1140年，常勝的岳飛打算乘勝追擊、直搗黃龍，可是宋高宗與秦檜的詭計讓這一切灰飛煙滅。宋高宗聽從秦檜的建議，迅速將前線的岳飛召回京城，隨後又以「莫須有」的罪名，將他打入大牢。

儘管朝堂上的大臣們知道岳飛是被冤枉的，甚至太子也為岳飛打抱不平，可是君王的心思從來不會因為臣子的正直而發生改變。

關於岳飛死於何種酷刑，史書上沒有明確的記載。如今流傳下來的關於岳飛的死刑有三種說法：一是絞殺說，二是毒殺說，三是「拉脅」說 [1]。然而，不管哪種說法符合歷史事實，有一件事情是毋庸置疑的，那就是：風波亭裡，那位曾經馳騁沙場的將軍再無站起來的可能，岳家軍從此

1.「拉脅」，古代酷刑的一種，打斷犯人肋骨致其死亡，手法十分殘忍。

也再無卓越的統帥。

　　親者痛，仇者快，女真人侵略的腳步因為岳飛的死亡更肆無忌憚，南宋北伐失敗的定局再無反轉的機會。多年以後，太子登基為宋孝宗以後，岳飛的罪名才得以平反。只是，時間流逝，物是人非，遠去的勝利被敗退取代。思念北方的人們渴望回到故土，可是直到南宋滅亡，沒有一位將軍可以與當年的岳飛一樣威震八方。

10年無間道

辛棄疾的名字，一直和他傳世的861首詩歌聯繫在一起。雖然中國歷史上類似於他的這種詩人眾多，但是可以將詩歌裡的理想付諸實踐的卻寥寥無幾。辛棄疾的不同在於他終生作戰不得志，更在於他鮮為人知的無間道生涯。

在佛教用語中，「無間道」原本是指十八層地獄裡最底層也是最痛苦的「阿鼻地獄」。後來，因為影視作品的影響，人們逐漸把這個詞語當作「間諜」的代名詞，長期從事這項業務的工作人員被稱為「無間道使者」。

無論是國文課本上「夢回吹角連營」的霸氣，還是歷史課本上充滿正義的人物形象，辛棄疾都是以偉大的形象出現。但是，我們仔細研讀辛棄疾的生平不難發現，在他正式以抗金將領的形象出現在戰場上之前，他的身分其實是按照他爺爺的意思潛伏在金朝內部的漢人「間諜」。

準確地說，辛棄疾走上「間諜」道路，完全是因為家族，因為按照《宋史》的記載，他的祖父辛贊就是一個「胡裝穿在身，心繫大宋朝」的無間道使者。

金朝是馬上得天下的王朝，兵強馬壯的女真人可以用武力征服宋朝失地的百姓，卻無法得到他們情感上的認同。為了讓民心歸附，金朝改變抵抗者必殺的手段，轉而實行懷柔政策，以「招安」的手段將當地有名望的人納為己用。

辛家不是山東的本地居民，從先祖辛維葉當官開始，辛家一直在甘肅狄道。後來，辛維葉工作出色，皇帝對其讚賞有加，升任他為大理評事，辛家舉家遷至山東濟南。在交通不便利的古代，出外到遠方就像西天取經一樣困難，雖然沒有九九八十一難，但是車馬勞頓，身體不好的人會因為長途顛簸而腰酸背痛。幸好，辛家人要克服的只是自然環境的艱難，邊境的戰亂沒有影響到中原腹地的正常生活，辛家人也不必在兵荒馬亂中擔驚受怕。

　　到了山東，辛維葉順利任職，雖然不是當地的最高長官，但是優厚的俸祿還是可以解決辛家數十口人的溫飽問題。加上辛家本來就有吟詩作對的習慣，亭中池邊和花前月下的文人作風，讓家族的生活在小康的基礎上又添加幾分文化氣息。

　　到了辛維葉的兒子辛寂這一代，良好的家世讓他順利走上仕途，並且擔任賓州司戶參軍一職。辛寂的兒子辛贊也承襲家族的傳統，成為當地頗有聲望的官吏和文人。

　　當時，金朝的崛起讓遼、宋兩國感受到極大的壓力，邊境戰爭不斷，辛家因為對北宋皇帝的信任，沒有將金朝的女真人放在眼裡。誰知，完顏氏步步為營，將遼國大片土地佔為己有以後，又逐步蠶食北宋的山東地區。

　　天蒼蒼，野茫茫，風吹草低見「刀槍」。金人揮動馬鞭，將關內的沃土收入囊中，也把辛贊一家的心擊得粉碎。殘酷的刑罰與壓迫，引來山東境內漢人的起義和械鬥，他們雖然揭竿而起，卻在女真人的屠刀下飽嘗失敗。

　　作為宋徽宗的擁護者，辛贊一直以為北宋不會滅亡，但是自己的同胞

淪為女真人的階下囚，辛贊在手銬和腳鐐上看清現實。瘦小的漢人在強悍的金人面前難以還擊，儘管反抗不斷，最終換來的還是失敗的下場。

如此看來，唯一可以謀求發展的方法，就是配合女真人招安的政策生存下來並且保存實力，掌握金朝內部的統治缺陷和作戰漏洞，一舉反攻，將女真人拿下。

就這樣，辛贊成為支持金朝「招安」政策的第一人，即使周圍的辱罵聲不絕於耳，他依然堅持參與金國朝廷的會議，藉機為將來的反攻創造機會，提供線索。

朝堂上，辛贊是金朝的忠實擁護者，下朝以後，他卸下偽裝，用自己特殊的方式表達對宋朝的懷念。每次從朝堂上回來，辛贊就會把大門關上，帶著辛棄疾登高遠望，指點江山。年少的辛棄疾不知道辛贊為什麼要帶他到此處眺望，詢問辛贊是什麼緣故。辛贊指著北宋朝廷所在的方向，意味深長地歎了一口氣，認真地告訴辛棄疾要記住自己漢人的身分，並且尋找適合的機會打敗金人，為宋朝的皇帝和百姓報仇雪恨[1]。

辛棄疾少年喪父，與爺爺辛贊的感情非同一般。雖然這個時候他還不能完全理解爺爺說的話有多麼沉重，但是在辛贊的有意引導下，辛棄疾認識到女真統治者的殘暴本質和漢人內心的屈辱。辛棄疾驅逐異族的志向是在何年何月誕生無從得知，但可以肯定的是，在他前往學堂讀書以前，這樣的思想已經在他的心裡生根發芽。

在辛贊的安排下，辛棄疾一邊讀書，一邊前往北方草原調查研究金人

---

1. 《美芹十論》記載：「每退食，輒引臣輩登高望遠，指畫山河，思投釁而起，以紓君父所不共戴天之憤。」

的風俗習慣和作戰風格。不久之後，他又按照祖父的意思，藉科考之名，前往金朝統治中心燕京諦觀形勢、偵察形勢，並且記錄金人在政治、經濟、軍事等方面的優缺點，為組織抗金戰鬥提供現實有效的真實背景和一線資料。

那時，和辛棄疾一起師從名師劉瞻的還有北宋名將党進的十一代孫党懷英。兩人雖然才華相當，但是人生理想卻完全相反。

鎮壓的效果越來越差，完顏氏開始打出「友情牌」。弒君篡位的完顏亮上位以後要做的幾件大事，除了廢除前朝舊臣，就是昭告天下：只要有才華的人，不論漢金，不講門第，都可以破格錄用。漢人在金朝被壓迫得喘不過氣，這項政策頒布以後，大多數人沒有太大的感覺，但是盼望出人頭地的文人卻頓時感覺長高三分，原先的仇恨情緒也因為內心的喜悅而消散。

在党懷英看來，金朝既然釋出善意，不接受實在是辜負這個美意，但是辛棄疾不這麼認為。他告訴党懷英，金人的友善只是表象，只有光復失地，才可以讓漢人過著太平日子。党懷英覺得辛棄疾想法保守，執意前往朝廷應徵。

兩個好友爭執很久，彼此無法說服對方的他們，只好選擇讓天意決定未來。一根草莖，兩種命運。辛棄疾拋出「離卦」，党懷英拋出「坎卦」。「離」為火，南方之卦；「坎」為水，北方之相，清晰明朗的結果結束爭論，兩個好友從此踏上不同的道路。

就這樣，南方的宋朝多了一個金戈鐵馬的將軍，北方的金朝多了一個博學多才的朝臣。多年以後，金朝內部統治混亂，党懷英只好辭官還鄉，辛棄疾卻運用自己刺探到的消息，踐行自己光復失地的理想。

很難說辛棄疾戎馬一生奔波的結局和党懷英最後的歸園田居哪個更出眾，但是辛棄疾內心深處的英雄情懷勝出党懷英許多。

第3章

亂——三足鼎立各為政

20萬精兵敗赤壁

　　中國歷史上以少勝多的戰役不少，發生在三國時期的著名戰役更是引人注目。這其中，具有非凡歷史意義的當屬赤壁之戰，因為正是這場戰爭奠定三足鼎立局面的基礎，並且象徵中國政治軍事中心從黃河流域向長江流域擴展。

　　用《三國演義》的主流觀點看，曹操是盜取漢室皇權的奸臣，但是從歷史的客觀發展看，曹操是中國北方逐漸由戰亂向統一發展的重要因素。經過一段時間的兼併，長江以北的大部分地區落入曹操之手，意氣風發的曹操將目光瞄準長江以南的孫吳政權也是必然的。

　　劉表死後，荊州落入劉琮的手裡。作為劉表的次子，劉琮子承父業是理所應當的事情，《三國演義》劉備逃離荊州的故事也是發生在這個時期。按照小說的描述，劉備的謀臣曾經勸說劉備，讓他在劉表死後以皇叔的身分將荊州收入囊中，劉備出於仁義，斷然拒絕謀臣的建議。他沒有想到的是，劉琮沒有給他安逸的生存空間，相反地，劉琮因為對曹操的懼怕而拱手獻出對荊州的統治權。

　　劉琮不敢將自己投靠曹操的事情告訴劉備，曹操的大軍在荊州附近出現的時候，劉備才從劉琮的手下那裡得知此事。氣憤是自然的，但是劉備已經沒有時間去責罵自己的同姓侄兒，他連夜帶著手下眾將逃往別處。

　　行至長坂坡，曹操的軍隊差點將劉備及其屬下一網打盡，張飛和趙雲這兩位虎將成功阻擋曹軍的步伐，劉備才得以順利逃亡。

回望劉備建立蜀國的歷程，艱辛和坎坷不勝枚舉，但是赤壁之戰以前，劉備的窘迫更是人生的低谷。此時的他，雖然擁有一群賢良下屬，卻沒有固定的駐地。如果可以常駐荊州，或許他會豁出性命與曹操決戰，然而「皮之不存，毛將焉附」，沒有自己的駐地，何談籌措糧草的地方，更不用說興兵作戰。

面對來勢洶洶的曹操，劉備不會束手就擒。既然沒有抵禦的能力，唯一的解決方法就是聯合強者共同禦敵，這個強者就是在南方自立門戶的孫權。

俗話說：「三個臭皮匠，勝過一個諸葛亮」，這句話讚揚的實際上是一種團結的力量。強者凌駕於弱者之上的時候，弱者之間的聯合經常可以達到一加一大於二的效果。劉備非常清楚這一點，孫權當然也明白。雖然小說對諸葛亮如何勸說周瑜與孫權聯合禦敵進行描述和渲染，但是在那些有趣的情節背後，還是兩個曹操對抗者的一拍即合。

黃蓋以假降的名義，搭乘小船將燃料送到曹操大船面前，一個血腥的戰場出現在世人面前，一場殘酷的殺戮在刀兵交錯中拉開序幕。

「羽扇綸巾，談笑間，檣櫓灰飛煙滅」，《赤壁懷古》中，蘇軾用簡潔明快的詞句，描述當年那場激烈的戰爭。喊叫聲和呼救聲響徹耳畔，大火映紅半邊天，赤壁的沙石變得滾燙熾熱。曹操顧不得大軍，在屬下的掩護下倉皇逃離，甚至為了不讓追兵發現，還將自己的鬍鬚割去。

在華容道，關羽念及往日的恩情，放了曹操一條生路。小說裡，劉備問諸葛亮為何知道關羽重義氣還讓他防守華容道，諸葛亮的解釋簡單明瞭。他說，放走曹操就是要讓他回到北方重新掌權，因為只有這樣，北方才不會混亂，三足鼎立的局面才可以真正形成。

直到今天，很多人在分析赤壁之戰的歷史，依然認為曹操對敵軍的輕視是他在這場戰爭中慘敗的重要原因，但事實上，曹操卻不是這麼愚鈍的人。作為北方馳騁沙場的猛將，曹操自然知道北方的軍隊在水戰方面的劣勢，所以從一開始他就決定用荊州的水軍來對抗東吳的水軍。後來，他將所有的戰船連成一片，打造出如履平地的效果也不是自負所致，相反地，他這樣做的目的是為了最大限度地降低自己水戰的風險和不確定性。

　　後來，這些看似保險的做法給了周瑜火攻的機會，曹操20萬大軍的慘敗說到底其實只是「聰明反被聰明誤」。

　　當然，關於孫劉聯合對抗曹操這件事情，許多歷史學家也提出異議，這其中也包括著名歷史學家呂思勉。在呂思勉看來，孫劉對抗曹操，實際上是在對抗曹操上的統一，這種行為對於結束當時混亂的局面沒有產生有益的作用，相反地，三足鼎立局面的形成讓中華大地的統一向後推遲了數十年。

　　王侯將相在這樣的混亂中建功立業，但普通百姓卻因為這樣的禍亂頻頻受苦。竊以為，呂老先生的觀點是十分正確的。畢竟，歷史學家的人文關懷側重的是普通百姓，只可惜，政治往往與仁慈無關，魏、蜀、吳三國雖然都打著為國為民的旗號，但最終還是圍繞王者的個人利益展開。

　　成功打擊了曹操的軍隊之後，孫劉兩家又因為對地盤分配的不均而變成敵對的雙方。雖然，他們的態度沒有像對曹操一樣猛烈，但親密無間的夥伴關係卻就此結束。這樣的情節，說明「沒有永遠的敵人也沒有永遠的朋友」這種政治上的自私和無常。

　　赤壁之戰裡，曹操手下士兵的家人們承受的是失去親人的痛苦，但是劉備和孫權手下的士兵及其親人們得到的卻是休養生息的時間。曹操一統

天下的過程被打亂，此後五年，他再也不敢輕易向長江以南發兵，劉備藉此機會壯大自身力量，孫權進一步鞏固自己的統治。

291：106：145

　　一部《三國演義》的傳世，讓整個三國時代的人物成為後人耳熟能詳的英雄。那是一個梟雄四起的年代，只要有雄心抱負，彷彿都擁有崛起的可能。在羅貫中看來，那個年代的混亂是因為皇室的衰微，更是因為奸臣當道，所以除了繼承漢家血統的劉備之外，其他的兩位君主，曹操和孫權都是有各自為王的野心之人。引用《三國演義》裡諸葛亮的話來說，三個國家各有優勢，即使蜀國國力較小，但是魏國佔天時，東吳佔地利，蜀國就可以透過佔「人和」來與前兩者抗衡。

　　歷史是不是真的如小說描繪的那樣？答案顯然是否定的。

　　誠然，劉備是三個君主中與漢室關係最為密切的一個。但是這不代表劉備所創立的蜀國在這三個國家中是最擁有民心的。相反地，蜀國除了立國艱難，後期的經營和維護也十分艱辛。儘管，川蜀自古有天府之國的美譽，但是劉備所能管轄的區域和蜀國累積的人力物力卻是三國時代裡最為弱勢的。

　　我們從地域、人口、經濟、軍事等四方面分別來對比一下。

　　首先我們來看魏、蜀、吳三個國家的佔地面積。從地理環境上分析，魏國佔領廣袤的長江以北的地區，吳國佔領富饒的江南，而蜀國佔的則是川蜀的西南地區。魏蜀吳三個國家的國土比例大約為291：106：145。

　　雖然曹操確實是漢室王朝的「篡權者」，但不可否認的是，他建立的魏國卻是中原文化最直接的傳承者。漢朝的文化十分卓越，中原地區的農

耕水準帶來的穩定性也大大超過了匈奴這樣的游牧民族。這些從前朝延續下來的農耕優勢和文化優勢一一被魏國囊括。雖然東吳佔領的江南地區也是歷史悠久的文化區域，但和中原相比，當時江南地區的文化水準顯然遜色了一些，而蜀國佔領的西南地區在先進文化方面就更是落後了。

除了文化上的差異，人口數量和人口素質上的差別也造成三個國家實力上的懸殊。

根據歷史文獻記載，曹魏所轄地區總共為九州，具體包括冀、兗、青、并、徐、豫、雍、涼及司隸區，戶數約66萬，人口總數佔了三國時代的一半以上，頂峰時達到443萬。

東吳統轄的區域也包括揚、荊、交三州，總戶數52萬戶，人口僅為曹魏的一半左右，頂峰時大約也達到230萬。蜀漢統治的區域就更小了，僅有益州一地，戶數僅38萬，人口只是整個三國時代的百分之十左右，人口最多的時候為94萬，遠比不上曹魏和東吳的人口水準。

魏國的臣民大多具有優良的文化水準，所以曹操手下可謂人才輩出。雖然他沒有諸葛亮那樣的謀臣，也沒有黃蓋那樣的老將，但是曹操手下的人卻個個能征善戰。當這些具有優良將帥才華的將軍和眾多的兵士組合到一起的時候，魏國的軍事實力可想而知。

東吳的崛起和孫權的勵精圖治密不可分，在很多項政策中，孫權都致力於恢復江南地區的農業生產，以此為戰爭和抗衡他國提供重要的經濟基礎。三國時期，魏蜀吳三個國家都使用了屯田制，吳國的特殊則在於它的興修水利和拓展漕運。漕運的發展，改變整個東吳地區的交通狀況，交通能力的提升，加速了各地的物資交換，經濟也由此繁榮，生產基礎也得到進一步保證。這個時期，由東吳孫權所轄隊伍從北方帶來的文化給南方

帶來巨大的影響，一些重要的思想和文化理念逐漸地與東吳本地的文化融合。

　　先進的文化帶來先進的經驗，先進的經驗又讓農耕時的產出效益有了極大的提升。從經濟實力上來講，魏國農耕水準最高，所以他的人民生活水準自然也在三國中最高，東吳因為江南地區廣袤富饒的土地，也出現物阜民豐的局面。蜀國擁有的區域大部分依然在自然森林的覆蓋之中，想要取得好的收成只能開墾荒山。開墾荒地的投入產出並不理想，最後的代價就是蜀國畝產再高也難以形成與中原和東吳地區抗衡的經濟實力。

　　兵馬未行，糧草先動。一個國家想要打勝仗，除了有強大的軍隊和優秀的將帥，更重要的是後援補給的保障。三個國家裡，蜀國的經濟實力最弱，這本身就埋下這個國家先行覆滅的伏筆，更何況蜀國的軍事力量在三國中本來就是最弱的。

　　三國時代的徵兵制依然沿用漢代按戶抽取壯丁的制度。中原地區，人丁興旺，所以魏國的軍隊非常強大。赤壁之戰雖然曹操慘敗，但開戰前的人數比例方面，曹魏卻具有壓倒性的優勢。東吳在孫劉兩家合作的背景下，雖然取得了以少勝多的優秀戰績，但是實力無法與曹魏抗衡。

　　到了後期，魏國在人數上的優勢更加的明顯。按每戶抽取一個壯丁計算，蜀漢的總軍力最多達到38萬，這些軍隊能揮師北伐的人數少得可憐，而同一時期的魏明帝派出迎戰的先發部隊就達到20萬，蟄伏於後方的後備軍團更多達30餘萬。益州是「天府之國」，但想「統一中原，光復漢室」卻實在心有餘而力不足。

　　諸葛亮死後，人們對於漢室王朝的期待最終瓦解，儘管羅貫中耿直地表達了自己對漢室王朝的懷念，但歷史的軌跡不會因為某些人的留戀和傷

感而停止前進的步伐。

　　正如羅貫中在《三國演義》開篇說的那樣：「天下大事，合久必分，分久必合。」魏國司馬氏的崛起看似偶然，實際上卻遵循了歷史規律。強大的魏國為最後司馬家族統一天下提供卓越的條件，司馬家族藉著魏國的名聲橫掃蜀國和東吳之後，一個統一的王朝——晉朝的誕生成為歷史的必然。

千里走單騎

中國人對「對稱」有特殊的喜好，無論何時都覺得成雙成對是吉祥的象徵。果實可以分雌雄，狀元又可以分文武，就連過年時進香朝拜的財神也有文財神和武財神。這其中，文財神是眾所周知的趙公明，武財神則是三國時期頗具傳奇色彩的關羽關雲長。

無論是歷史還是小說，劉備的手下包括關羽、張飛、馬超、趙雲、黃忠在內的五虎將都赫赫有名。這五人之中，唯一被後人尊稱為神的卻只有關雲長。讓關羽成為眾人心目中神一樣存在的，正是他難得的忠義情懷。

客觀地說，關羽的出身並不算好，早年時他也曾經因為犯事而逃到幽雲涿州。後來劉備組織了一支隊伍與黃巾軍對抗，關羽因為表現出眾，又與張飛、劉備感情甚好，於是，桃園三結義後，他成為劉備出生入死的結拜兄弟。

建安五年（西元200年），曹操派劉岱等人攻打劉備，劉備雖兵力弱小卻意外地獲得勝利。曹操驚訝於劉備的勝利，不服氣之餘親率大軍出兵討伐。劉備見勢不妙，兵敗後趕忙逃往袁紹處求救，關羽卻因為寡不敵眾被曹操生擒，不得已投降成為曹操的俘虜。

在戲劇舞台或是話本的情節裡，曹操向來都是與「奸」字連在一起的，甚至他「挾天子以令諸侯」的行為也為後人所不齒。但事實上，這樣一個經常以白面示人的角色，在真實歷史中是一個愛才如命的人。

和劉備打著漢室宗親的名號相比，曹操的出生並不顯赫，只是普通貴

族的他朝著自立為王的目標前行時，最重要的保障自然是身邊的能人們的輔佐。換句話講，擁有才華的人可以毫不猶豫地投靠到漢朝宗室後裔的門下，卻沒有理由找一個僅是丞相的外臣做靠山。所以對於曹操來說，籠絡人心是他必備的技能。

關羽被俘虜之後，曹操沒有把他當作敵軍來對待，相反地，因為關羽的名氣，曹操十分希望可以將他收到帳下。剛開始，關羽對曹操十分地排斥，對他來說，這個竊取漢室的丞相應該是「人人得而誅之」的奸臣，即使他拋出善意也一定是有目的的。

但曹操卻執意要讓關羽改變初衷。曹操不是愚鈍之人，他知道關羽的排斥並非欲擒故縱。為了更清楚地知道關羽的真實想法，曹操幾次派人探聽關羽的口風，卻無果，最後他只好讓關羽的同鄉張遼從側面打探關羽的態度。

關羽是一個有情有義的男子。對於曹操他很有氣節，但對自己的同鄉張遼他說出的卻是發自肺腑的真心話。他告訴張遼，曹操授予自己的偏將軍一職沒有令他動心，但曹操以誠相待的態度卻實在讓他佩服。曹操對自己的賞識發自內心，但是這樣的恩情卻不能取代他對劉備的忠誠。

一般而言，忠誠和仁義是捆綁在一起的，有意思的是，在關羽的詞典裡，忠誠只對劉備，仁義卻是對所有待他不薄的人。曹操是政敵，但是他對自己這個手下敗將禮讓三分，信奉義禮的關羽自然要有所表示。

他告訴張遼，自己一定要回到劉備身邊，但是在此之前，他一定會回報曹操的禮遇之恩。君子一言，駟馬難追，關羽的承諾雖然不是當著曹操的面許下的，但是他卻在隨後的幾場戰鬥中用行動踐行他的承諾。

當袁紹與曹操大軍對戰時，袁軍大將顏良、文醜進攻東郡太守劉延於

白馬，曹操見勢不妙，趕忙親率大軍增援。這場戰事中，張遼擔任前鋒，令人意外的是，關羽竟也跨上戰馬成為同張遼一樣的作戰前鋒，並策馬衝鋒，斬殺了顏良，使袁軍群龍無首，白馬之圍順勢被解。

一時之間，關羽被戴上了叛臣的頭銜，袁紹大聲譴責這個毀他兩員大將的漢壽亭侯，怒氣未消之際，連尚在他麾下的劉備也被他當作叛臣同黨。劉備自然知道自己義弟的人品，他堅信關羽不會被曹操所用，袁紹本想將劉備殺之而後快，幸好身邊的大臣以臨戰殺敵不利戰事勸說袁紹，劉備才沒被斬殺。

在電視劇《三國演義》中，有一個情節至今仍能讓觀看者淚流滿面。那是在曹操與袁紹對陣的戰場上，策馬斬將的關羽正打算返回軍營，戰場另一端的劉備見到了他。見到義弟，劉備情難自禁，他不顧周圍人的勸阻在兵荒馬亂中疾聲呼喊關雲長的名字，關雲長隱約聽到了哥哥的呼喊，卻因為周圍人的故意擾亂最終放棄尋找。

在為曹操斬殺了顏良等大將後，關羽自知對得起曹操的賞賜和恩情，便留下書信毅然離開。曹操早知道這一天會來臨，卻仍舊奢望榮華富貴和自己的坦誠能換來關雲長的義薄雲天。

面對丞相的「苦苦」請求，曹營的將士們很不理解，他們自告奮勇，誓言將關雲長的首級帶回曹營給丞相解氣。一道道赦令成就了關雲長護嫂「過五關斬六將」的傳奇，也成就了一段「千里走單騎」的義氣之旅。

多年以後，當人們對著殿上那尊威嚴的神像發出自己最虔誠的祈禱時，關雲長當年投奔兄長的足跡已經模糊，但是他以親身經歷樹立的仁義標杆卻成為後人心中敬仰的高度，也成為中華民族長久傳承的優秀品德。

幽雲十六州

　　幽雲十六州也被稱為燕雲十六州，此地土地廣袤，各民族交融生存，自古以來都是兵家必爭之地。作為中原地區最重要的屏障，幽雲十六州易守難攻。

　　幽雲十六州具體是指哪些區域？

　　按照宋史的記載，幽雲十六州主要包括：幽州、順州、儒州、檀州、薊州、涿州、瀛州、莫州、新州、嬀州、武州、蔚州、應州、寰州、朔州和雲州，換成今天的地名，這十六州分別是今天北京的順義、延慶、密雲，天津的薊州區、河北的涿州、河間、任丘北、涿鹿、懷來、宣化、蔚縣，山西的應縣、朔州、大同等地。其中，幽、薊、瀛、莫、涿、檀、順七州所在區域為太行山北支的東南方，其餘九州則在太行山西北。

　　當年盛極一時的唐朝之所以會衰敗，很大程度上是因為安祿山叛亂的打擊，而安祿山這個安西節度使崛起的區域，正是這進可攻、退可守的幽雲十六州。

　　西元936年，後晉的開國皇帝石敬瑭自立為王，在他向契丹求援時，契丹果然出兵扶植。晉國建立以後，遼太宗與石敬瑭竟定下父子之約，石敬瑭稱遼太宗為父親，並且將幽雲十六州割讓給契丹。

　　從那時起，遼國的疆域從長城以外擴展至長城沿線，即使中原各國前往收復，卻都沒有改變局面。北宋建立以後，宋太祖趙匡胤曾考慮過幽雲十六州的歸屬問題。那時，宋太祖剛結束統一中原的戰爭，宋朝的重點首

先轉移到恢復國計民生上。等國家經濟復甦後，宋太祖便開始籌劃恢復幽雲十六州的問題。

他對大臣說：如若可用500萬緡①從契丹國王手中將幽雲十六州收回，這樣的損失對於國家來說也是十分有意義的。畢竟，此事若成，宋朝多出的不僅僅是十六州的土地，更是一個用以抵擋北方勢力的屏障；如若契丹國王不同意將幽雲十六州歸還，富裕的500萬緡就可以用作對遼作戰的軍費，以24緡換一個契丹人的首級，如此的投入產出也在王朝可以接受的範圍內。

大臣們對宋太祖的說法十分信服，所以積極地投身到宋太祖的資金籌集計畫中。只可惜，在宋太祖即將正式收復幽雲地區時，他的生命卻走到了盡頭。隨後，宋太祖的弟弟趙光義繼位。他對哥哥留下的政治方略沒有太大的改動，但是在恢復幽雲十六州這個問題上沒有前者的鬥志。

就這樣，廣闊的幽雲十六州沒有成功收回，佔據中原的北宋政權雖然日益強大，卻被迫忍受來自北方外族政權遼和金長達兩百年的威脅。這段期間，幽雲十六州的漢人更是飽受戰爭的摧殘。

在唐朝，這些漢人是大唐的子民，他們雖然地處偏遠卻一直為中原漢族和西域各族的文化交流貢獻著自己的力量。西域來的商隊會將大量特產帶入中原，這些新鮮的事物透過幽雲十六州的老百姓的初步篩選後更加適合中原地區人民的口味。他們驕傲地將自己劃成大唐的子民，並主動承擔起文化交流先鋒的角色。當幽雲十六州成為宋遼之間的尷尬時，生活在這裡的人們在兩國統治者的眼裡就變得可有可無了。

---

1. 緡，古代計量單位，1緡即是1000文銅錢，相當於新台幣1000元。

遼國是馬上天下，雖然這個民族在草原上馳騁，但當它的觸角深入到中原腹地時，統治者耶律一族便意識到本土化的重要性。剛開始，耶律氏對幽雲的漢人採取了排斥的態度，後來隨著觀點的轉變，遼國也用科舉制為漢人的晉升提供門路。但是這樣的門面工程不代表遼國統治者內心對漢人的信任。在他們看來，這裡的漢人是與宋朝一脈相承的族群，宋人在尚武民族面前地位低下，所以這裡的漢人同樣在契丹人面前抬不起頭來。諷刺的是，與他們同屬漢人後代的宋人竟也認為幽雲的漢人「地位低下」，原因竟然是因為他們生活在大遼的統治下，是宋人眼裡的外族俘虜。

在這種兩國都不願管轄的情景下，幽雲的漢人逐漸形成自己獨特的民族風格，他們雖然以漢族文化作為主體精神，但是很多來自北方游牧民族的習慣也慢慢融入他們的生活。至今在北方許多地區的傳統婚禮上，人們除了看到漢人拜天地時的「三拜禮儀」外，還可以看到跨馬鞍、喝馬酒這樣的風俗，這些不經意的細節正是幽雲人傳承游牧民族文化的見證。

西元1367年，朱元璋在南京誓師北伐，隨後大將軍徐達率兵前往華北，以朱元璋擬定的「斷其羽翼」戰略，先後攻克山東、河北等地。隨後，北伐軍以包圍之勢向元大都進攻。元順帝在宮廷內亂和起義軍的打擊下丟掉了皇帝的寶座，北竄至蒙古草原。被游牧民族佔領四百年的幽雲十六州終於重新回到漢族王朝的懷抱，廣袤的中原地區也因為幽雲十六州擁有牢固的屏障。

全球50%以上的「GDP」

　　在中國人驕傲的印象裡，漢唐是值得被歌頌的朝代，他們最輝煌時期的君主不僅成功打擊了外族，更讓自己成為天下霸主。雖然後來元朝和明清國力無法達到同一水準，但是無論是忽必烈治下的元帝國還是朱元璋建立的大明王朝，以及來自關外的愛新覺羅氏統領下的大清帝國，都可以被驕傲地冠上天朝的名聲。然而，和這些赫赫有名的王朝相比，與西夏、遼、大金等外族平分天下的宋朝就顯得積弱不振了許多。

　　宋朝的建立終結五代十國的紛亂，它雖然與當年的隋唐一樣承載結束紛爭的歷史使命，卻沒有成功收復被周邊外族侵佔的土地，國土面積小且積弱不振的宋朝，其威懾力遠不如其他統一王朝。但是，如果要問文人們在中國歷史上的哪個朝代過得最滋潤，答案毫無疑問是宋朝。

　　宋朝的開國和宋太祖趙匡胤擔任後周歸德軍節度使一職有密不可分的關係。正是因為當年趙匡胤掌握著後周的軍政大權，他才成功從後周皇帝手中奪取了政權，並一舉統一各國，成立了自己的政權。基於這樣的「經驗教訓」，宋朝對武將的權力做出嚴格的限制，並透過以文人為核心、靠文官統治天下的方式，防止武將造反。所以，北宋的戰爭「紙上談兵」的成分較高，上陣殺敵的謀略也大多來自文官，而武官所要做的，除了服從還是服從。

　　文人治國的風氣讓整個國家失去與鐵騎戰鬥的能力，外族的挑釁讓整個國家長期生活在戰爭進行當中。可是令人驚訝的是，就是這樣一個看起

來十分羸弱的國家卻出乎意料地成為中國歷史上最富有的朝代。

根據相關文獻記載，清代國力強盛，整個大清的財富佔全世界GDP總額的32％左右，而距離它六七百年的宋朝，其國民生產總值卻佔到了世界GDP的一半以上，高峰時這個比例竟然達到80％。

唐代最高的稅收記錄是天寶八年的5230萬貫，而到了宋代，這個數字達到11600萬。查閱史籍，兩宋的稅收基本都保持在1億貫以上，這個紀錄明清兩朝更是無法企及。那時，官員的收入也十分可觀，宰相、樞密使月俸300貫。如果根據當時的物價水準，以每石米價600~700文折算，宰相與樞密使每月的俸祿可以達到40萬新台幣左右。這還只是國家發放俸祿的銀兩部分，實物俸祿部分，諸如布匹、糧油、茶葉一類日常用品，其價值甚至達到銀兩俸祿價值的2倍以上。

那時，官員們居住場所寬敞且舒適是常態，即使是南宋時期類似辛棄疾這樣不得志的官員，也大多在山清水秀之所擁有自己的府宅。這些全部來自於官員的合法收入，宋朝高薪養廉的政策確實不是虛名。

是什麼原因讓宋朝在戰亂當中還可以保持如此富裕的狀態？答案正是兩宋蓬勃發展的工商業。

農業在宋朝時有所改善卻沒有突飛猛進的變化。參考蒙文通先生的考證，漢代時糧食的平均產量為每畝1石，到唐代這個數字上升到1.5石，而到了宋代這個數字又上漲了50％，每畝產量約2石。經濟作物方面，宋代的發展也優於漢唐兩代。除了延續先人們茶葉、棉布、甘蔗、桑蠶等作物的生產，宋人在農產品種類上沒有明顯的增多，但它們的產量也同糧食一樣有一定程度的增加。

來自先輩們的工作方式在宋朝能工巧匠的改進下有了一定的進步，但

這不足以改變整個農業生產的現狀。和農業相比，宋代的工商業卻可以用「異軍突起」來形容。

現今，人們用於瞭解宋代市井生活最直接的工具就是張擇端的《清明上河圖》。這幅畫之所以被後世當作經典，除了它特別細膩的筆觸之外，更重要的是整幅畫的內容涵蓋了當時整個宋代的工商業範疇。翻開《清明上河圖》，熙熙攘攘的街道上遍布著各式各樣的商鋪，這些商戶中布滿琳琅滿目的商品，人們穿梭在各式商品中，場面十分熱鬧。茶館、酒肆、碼頭，每一個店面都有顧客在消費。有人在喝酒聊天，有人在商談生意，有人在搬運貨物，有人在街道兩旁招攬客人。更有趣的是，連街道上的空曠地方也成為宋人做生意的地方，算命先生和雜耍賣藝的人，吸引著駐足觀看的人，把整個街道襯托得更加擁擠了。

根據統計，在《東京夢華錄》中提到的店鋪就有100多家，這其中，半數以上是酒樓和飯館。當時，都城的朱雀門外有州橋夜市，那裡售賣著種類眾多的食物，包括兔肉、豬肉、牛肉、野鴨肉等，每天晚上，夜市經營到三更才打烊，夜市開放的過程中，顧客接踵而至，場面十分熱鬧。

有肉必有酒，飲食店的發展給宋朝的釀酒行業帶來飛速發展。宋朝人愛酒，稱酒為「天之美祿」，連平常人家的女子都會在閒暇的時候飲上幾杯。每年，京城酒肆因為釀酒而消耗的糯米達到30萬擔，京城最出名的酒樓通常是通宵營業的，不僅可以喝酒還有專門的歌妓陪酒。

除了酒，宋朝人更重要的一個日常飲品就是茶。宋朝人喝茶和現今人們直接飲水泡茶的飲用方式十分不同，每家每戶喝茶都需先將茶碾成末，最後才可以注入熱水。這種飲用方式和日本的抹茶有點相似，不過宋人稱之為「點茶」。宋人在點茶過程中十分講究，對茶的品質以及飲用的水

質、火候、茶具都有嚴格的要求，即使是閒來無事在街邊喝一杯小茶，也要茶坊的夥計照這樣的標準製作。

宋人可以透過夜市喝到酒、吃到肉、品到茶、逛到心儀的小玩意兒，還可以按照現在的生活方式讓「快遞」小哥將所需物品送到居住的地方。在《清明上河圖》裡，有這樣一個人物，他的形象與眾不同，既沒有任何的包裹，也沒有拿著扇子這樣的風雅之物，只是左右手端著兩碗酒朝著目的地疾步而去。這是歷史上最早的快遞小哥，他的存在讓人們驚訝，更證明宋代商業的繁榮。

我們沒有機會重新回到宋代感受當年的熱鬧非凡，但透過這幅畫卻不難發現，宋朝人的生活水準與如今的我們，除了科技上的差異之外，生活上的浪漫和小資情懷卻沒有太大的不同。

第4章

尊——四方來賀稱霸主

200里的阿房宮

和古人相比，今人的眼界自然開闊了許多，但即使如此，阿房宮的規模依然可以用「巨大」二字來形容。

1992年，聯合國教科文組織透過調查比對，最終將阿房宮認定為迄今為止世界上最大的宮殿基址，按照秦始皇原先的計畫，阿房宮的計畫面積是200里，雖然這個終極目標到秦朝滅亡時未能完全實現，但已經建成的26平方公里的宮殿卻足夠讓世人為之一驚。

「六王畢，四海一。蜀山兀，阿房出。覆壓三百餘里，隔離天日。驪山北構而西折，直走咸陽，二川溶溶，流入宮牆。五步一樓，十步一閣……」《阿房宮賦》中，杜牧用緊湊的語言，描述這個宮殿的宏偉，這座橫亙秦國中軸線上的宮城引發的是後人無限的遐想。

作為咸陽宮殿的重要補充，阿房宮的職能除了居住、休閒外，更重要的是為帝王提供祭祀場所。除了蘭池宮、上林苑等聞名的景點，阿房宮最重要的兩個地方是祭天拜地用的「上天台」和「祭地壇」。

古時，先人們對神明的態度達到一種極度仰仗的程度，在他們看來，風調雨順是上天保佑的結果，穀物豐收更是因為地神的庇佑。因此，無論是帝王還是尋常百姓，在居住的地方都會設置用於祭祀的殿堂或高台。阿房宮的這兩處祭祀之地，雖然面積不大，但其地位卻非常的重要，因此在建築材料的選擇上，秦國的工匠們十分用心。他們不僅用細繩紋、中繩紋的瓦片裝飾大殿的頂部，更是用幾何紋空心磚塊和紅陶釜片作為宮殿的主

體。

如今，恢宏的阿房宮已經灰飛煙滅，我們雖然無法親見宮殿的恢宏，但殘留在宮殿遺址上的材料依舊讓人對阿房宮的恢宏充滿想像。

秦國用武力統一中國，這個具有劃時代意義的壯舉給他帶來的是值得驕傲的功績和取之不盡的勞動力。為了修建阿房宮，秦始皇調用了將近70萬的苦力，而僅宮殿的土夯便耗費了這支龐大工人隊伍近4年的時間。基石牢固後，秦始皇下令開始了上層宮殿的建設，圖紙上的景致還未完全建成，始皇帝的生命就走向了盡頭。

對秦始皇來說，生時對八方六合的統治自然是要延續到死後的。胡亥自然明白父親的用意，秦始皇陵也成為秦二世統治下第一號國家工程。原先分布在長城及阿房宮工地上的壯丁被盡數拉往驪山，龐大的秦始皇陵在上百萬雙手的勞動下逐漸成形。

秦朝的國力因為大工程的消耗而變得脆弱，秦國朝廷針對阿房宮是否繼續建設的問題重新進行討論。長達數年的阿房宮建設被擱置後，直到長驅直入的起義軍將咸陽重重包圍，這座瑰麗的宮殿再也沒有進一步的擴展。

關於阿房宮的結局流傳得最廣泛的說法是項羽的「火燒阿房宮」。這個說法延續數千年，卻未能在最新的考古發現中得到支撐。透過成分分析，考古學家沒有在阿房宮遺址上找到火燒後的草木灰殘留，因此和毀於大火相比，這座秦時興建的宮殿更可能的命運應該是風霜的摧蝕和歷史的滄桑。

援引《漢書・東方朔傳》「舉籍阿城以南，盩屋以東，宜春以西，提封頃畝及其賈直，欲除，以為上林苑，屬之南山」的說法，阿房宮並未被

項羽燒毀，相反地，漢武帝當政的西元前138年，阿房宮「阿城」依然保存完好、清晰可見。隋末，唐太宗李世民入關，阿城成為李氏軍隊屯兵的所在。到宋代，阿房宮因為不敵歷史的滄桑而逐漸毀壞。

出於對秦朝的昏庸和「二世而亡」的命運的忌憚，後世王朝的統治者不敢隨意將阿房宮納為己有。長期無人看管、修繕的阿房宮在獨自延續千年後，終於在宋代土崩瓦解。元朝後，關於阿房宮的記載再也沒有出現過，這個曾經恢宏的宮殿在見證了動盪的歷史變遷後，最終悄無聲息地消失在漫漫的歷史長河裡。

西漢13州

　　在中國統治者的教學課本上，前朝皇帝的失敗經歷通常都是最生動的教材。當年清朝康熙皇帝教訓列位臣工的例子就是幾十年前吊死在煤山上的前朝皇帝朱由檢；毛澤東帶領中國人民解放軍進入北京城之前，於西柏坡提到的前車之鑑正是當年李自成進京後的狂妄和自大。西漢立國以後，作為反面教材的例子正是當年由漢高祖劉邦親自滅亡的中國第一個統一王朝——秦帝國。

　　對於西漢王室最初的劉姓繼承人來說，秦國的滅亡是最需要警惕的經驗教訓。始皇帝的暴政讓整個國家陷入混亂，秦朝將各國牢牢控制在掌心的霸道讓習慣了「分封制」的六國百姓很不習慣。

　　秦朝為了統治分散的土地設置了郡縣制，中央對地方的直接管理加強了中央集權。從歷史發展的角度看，這是一種先進的行政制度，但權力過於集中也使「一言堂」的局面更加明顯，皇帝一個人的喜怒對天下興亡的影響越來越大。所以，陳勝吳廣等反對者提出「王侯將相寧有種乎」的口號，項羽也在起義時提出重新恢復周朝的邦國制度。

　　西漢建立以後，劉邦這個從底層崛起的帝王深刻感覺到中央集權的重要，但出於抗秦的初衷，他無法將當時同袍而戰的兄弟們提出的建議置之不理。因此，建國後的劉邦在行政機構的設置上採取了兩相融合的方法，在繼承秦朝郡縣制的基礎上，重新引入了周朝的「分封制」思想。

　　剛開始，劉邦的這項制度贏得他的親信和天下人的歡迎，人們看到了

一個和秦朝不同的新王朝，劉姓氏族的兄弟們也因為分封的獎賞慶倖自己當年曾經與劉邦一起打過天下。

秦二世滅亡時，整個國家一片廢墟。漢初的人口與秦朝相比大幅減少，大城市的人口甚至只有秦朝時的百分之二十左右。戰爭剛結束，百廢待興的中原大地迎來難得的休養生息的機會，「分封制」也就成為收買大地主階級的重要措施。

作戰的軍隊從戰場上撤下後，轉換為農業生產勞動力，漢室皇帝許多勸課農桑的改革，讓農民有了更好地勞作空間。始皇帝統治時期，多項浩大工程嚴重影響了農業的發展，如今，沒有徭役的農民在安定的氛圍裡重新開始了自己的農業生產。

到漢文帝和漢景帝時，漢朝的經濟有了明顯的恢復。西漢初年，大侯封國不過萬家，小的也只有五六百戶。到了文景時期，流民的回歸和田園的重新耕作帶動了戶口的迅速增長。那時，列侯封國最大可以到三四萬戶，即使是小的也可以獲得一千戶以上的賞賜。西漢建立之初一直到漢武帝即位的七十年間，國家的糧食都比較充足，只要不遇上水旱之災，普通老百姓自給自足顯然是沒有問題的，各郡國的倉庫中也堆滿了收穫的糧食。

經濟的發展帶給老百姓的是真真切切的實惠，帶給諸侯王的卻是又一輪爭權奪利的本錢。劉姓諸侯王知道自己的時機到來了，劉姓天子也感覺到來自藩王的威脅步步逼近。看著國家經濟有所復甦，景帝開始考慮削弱藩鎮，加強中央集權的事情。

西元前154年，漢景帝採用了晁錯提出的《削藩策》，正式下詔削藩，並下命將楚、趙等諸侯國的封地收歸國有。一石激起千層浪，看起來

平靜無波的政治平衡因為一紙詔書開始動盪不安。

在景帝還未完全做好心理準備時，吳王劉濞竟先聯合了楚王劉戊、趙王劉遂、濟南王劉辟光、淄川王劉賢、膠西王劉卬、膠東王劉雄渠等劉姓宗室諸侯王，以「清君側」為名進行叛亂。漢景帝敵不過叛軍，只好聽從屬下的建議，將首先提倡削藩的「功臣」晁錯作為「罪臣」對待，希望東市腰斬的行動能熄滅七國諸侯的怒火。不料，這個舉動竟被七國諸侯解讀為漢室皇帝軟弱無能。誅殺晁錯後，叛軍沒有撤退，相反地，他們對漢朝天子的反叛更加肆無忌憚。

地方割據勢力朝京城而來，中央集權的皇帝明白了叛軍真正的意圖，也知道求和沒有意義了。考慮到國家經濟還在復甦，漢景帝並不想打仗，但長痛不如短痛，唯一可以鞏固中央政權的做法只有全力出擊，並且將七國叛軍斬於馬下。只有如此，長期以來威脅中央的藩王割據勢力才可以得到徹底的清理，漢室王朝也才可以在沒有羈絆的情況下大踏步向前。

經過三個月苦戰，以劉濞為首的七王之亂叛軍才最終在大漢皇室正規部隊的打擊下失敗了。從那以後，諸侯國勢力被削弱，中央集權得到鞏固。漢武帝時，依據《禹貢》和《職方》的州名，將全國除京畿之外，劃分為十三個監察區域，稱「十三州」。

在現在的中國版圖上，西漢十三州依然可以找到對應的地名。其中，司州包括現今陝西、山西、河南等地；幽州對應河北、遼寧等地；冀州則是河北、山西東部、河南省黃河以北等地；并州位於山西省與陝西省交界的位置；青州在山東省與遼寧省遼河以東；兗州對應山東省與河南省交界；豫州則為河南省；徐州涵蓋江蘇、山東、安徽部分地區；雍州位於陝西省、甘肅省交界；涼州即為甘肅；荊州包括湖南、湖北、廣西、貴州、

四川等地，腹地遼闊；益州則是四川、雲貴、漢中盆地；揚州則是江蘇、安徽、江西、浙江、福建數省；交州包含廣東、廣西及越南國。

戰爭總是勞民傷財的，回顧中國的歷史，統治者的經驗總是在斟酌中不停地反覆。儘管看上去道路有些曲折，但歷史前進的車輪卻沒有因此而停滯。在景帝平息七王之亂期間，西漢的經濟和人民生活都因為這場戰爭而停滯。這場劉姓家族的「內部」戰爭雖然慘烈，但換來的卻是隨後的百年和平，漢武帝可以全心對抗匈奴，也是因為這場平叛為西漢政權提供良好的國內環境與行政基礎。

220公尺寬的長安街道

封建社會裡，皇帝對於前朝遺留下來的事物從來都是持謹慎態度的。在他們看來，前朝的滅亡更多的是運氣的成分，而隨意使用前朝遺物很可能會將他們滅亡的不幸延續下來。因此，新王朝建立時，很多開國皇帝都會選擇重新修建宮殿，或是重新選新的城市作為自己建都的地方。

在中國，有這樣一座城市卻奇特地避開了古人的思維方式，並且在超越千年的時光裡成為十三個王朝的都城。這座神奇的城市就是如今的西安市，也就是曾經的「長安城」。

說起長安的歷史，回望的目光可以直接追溯到100多萬年前的藍田人時代。7000年前，仰韶文化出現，西安所在的區域正是這個文化覆蓋區域的中心。周朝成立以後，長安（周朝時稱為鎬京）更是以國家的名義被確立為都城，伴隨著姬姓王族度過了341年的歷史。到了漢代，這座恢宏的城市更是因為大漢王朝的繁榮成為世界文化的中心，作為絲綢之路的起點，長安的名聲因為文化交流和商貿往來傳播開去，很多人把長安作為夢想所在的地方，西域眾國對它十分嚮往。

在西漢的200多年時光裡，長安城當之無愧地成為國家的政治、經濟和文化中心。漢平帝元始二年，整個長安城的戶數為8.8萬戶，人口24.6萬。

整座城市有12座城門，8條幹道，其中最長的一條竟然有5500公尺。長安城裡除了宮殿、貴族宅第、官署和宗廟外，還有分布整齊的居民區。

這些居民區主要在長安城的北部，統稱為「長安九市」，細分為160個「閭里」。中原城市由此改變戰國時期大城套小城的格局，實現居民區、工商業區和宮殿區在同一個城市的集中，並延續至後世，成為歷朝歷代城市建設的範本。

到了唐代，風光了許久的長安城更是一躍成為世界聞名的國際大都市。大唐帝國的富強讓這座城市有了嶄新的面貌，這座城市又讓這裡的人民感受到前所未有的輝煌與榮耀。

那時，長安城總周長達到35.56公里，面積可擴大到了87.27平方公里，是西漢時的2.4倍，即使盛極一時的古羅馬城，其面積也只有唐長安的1/7。在延續漢代十二座城門的基礎上，唐長安城的街道精簡為6條，街道的寬度達到220公尺，數十輛馬車並駕齊驅都毫無問題。

縱貫南北的朱雀大街是整座城市的標準中軸線，將長安城整整齊齊地劃分為東西對稱的兩大部分。居民住宅像棋盤一樣整齊，110個作用各異、名稱各異的「坊」讓人們的生活有條不紊。

「九天閶闔開宮殿，萬國衣冠拜冕旒」。當年輕的王維和好友因為仕途的上進而步入這座舉世聞名的城市時，那種超出想像的城市氣度還是讓這兩個年輕人激動不已。近乎天宮一樣的描繪顯然言過其實，但文字背後的昌盛卻與大唐帝國的真實繁榮不謀而合。

鼎盛時，長安城的常住人口與流動人口的總數達到235萬左右。值得一提的是，這樣數量的人口中除了普通百姓、皇族成員、達官貴人和僧尼道士外，更有來自日本、波斯、高麗、天竺等鄰國的商人、使者與留學生。東西方文化在這座熱鬧的城市裡交融與發展。

當這些留學生帶著從長安學到的文化和知識回到本國時，長安城的

建設成為他們效仿的最好範例。日本平安時代的平安京和渤海國的上京龍泉府就是例證。留學生們回歸故土後，在與長安城相似的都城裡講述長安的一切，過目難忘的繁榮和先進的技術更是透過他們轉化為新土地上的智慧，並且最終轉變成本國發展與興盛的動力。

　　盛唐過後，長安因為叛軍的進攻和朝代的更迭失去原先的風光。儘管後來，朱元璋也曾想將都城建在此處，但朱棣遷都北京後，古老的長安還是歸於平靜。如今，西安城內的古城牆依舊屹立著，筆直站立的大雁塔在看遍朝代的興衰後，更是見證了這個古老的國度新一輪的崛起與發展。

　　如今，我們看不到當年長安城的繁華，但我們卻永遠記住了這座城市在東西方文化交流中的輝煌身影。如今的西安也因為這樣的歷史厚重感，成為世界文化名城中一抹與眾不同的瑰麗顏色。

67歲的女皇帝

男尊女卑的封建社會裡，武則天的存在絕對稱得上是奇蹟。

14歲以才人的身分進入皇宮，26歲感業寺為尼，32歲被唐高宗立為皇后，60歲執掌大權，67歲登基稱帝。看似平步青雲的生命歷程裡，榮耀和權力並存，但武則天經歷的卻是天下女性都未曾經歷過的驚心動魄，關於她的各種傳說和各式誹謗也從未停止過。

眾多指責中，源自宮鬥的傳說不在少數。最被人們熟知的「罪行」是武則天為了上位謀害了王皇后和蕭淑妃。後來，她又為了鞏固自己的權力而罷免了自己的兩個親生兒子李顯和李旦的王位。某些野史上，武則天甚至被妖魔化，認為她是投生到凡間作亂的太白金星。和善的人用傳唱的歌謠表示對這位女主的驚訝，擁兵自重的人如李敬業更是用造反表達了對李氏王朝的忠誠和對武氏篡位的不滿。

根據傳說，武媚娘升任昭儀後，王皇后害怕武氏威脅到自己的地位便轉變了一開始的拉攏態度，改用強硬的手段對武媚娘進行打壓。武媚娘當年在太宗時代因為皇帝的去世而流放感業寺，如今好不容易回到宮中自然十分看重自己的太平日子。眼見來自皇后的威脅可能導致自己又一次流放，武媚娘出於自保，終於在女兒滿月那天找到扳倒皇后的機會。

那一日，王皇后按照禮數前來宮中看望小公主，武媚娘聽聞此訊，命宮人盡數離開，自己則狠下心將孩子掐死，靜靜地躲在暗處等候王皇后的到來。王皇后沒有防備，小心地走到孩子床頭才發現小公主氣絕身亡，驚

慌失措的她正打算呼喊宮人過來查看，武媚娘卻是一副毫不知情的模樣從內殿走出來。

看到死去的小公主，武媚娘的傷心湧上心頭，她的哭泣令王皇后百口莫辯。此事很快傳到高宗李治的耳中，愛女心切的高宗趕到現場時看到小公主斷氣的模樣，直接將王皇后打入冷宮。就這樣，武媚娘用女兒的生命換來了自己的平安，晉升的障礙被掃清，王皇后及王氏家族沒落後，武媚娘如願以償地得到自己想要的地位和權力，最終成為母儀天下的大唐皇后。

所謂「虎毒不食子」，後世的人們在歎息這個女人何等殘忍的同時，更為那個無辜的孩子感到惋惜。在他們看來，武則天對太平公主無以復加的寵愛正是她為了填補心靈的不安和救贖內心的罪惡，而武則天統治後期，太平公主的權傾朝野也是武則天對自己犯下罪行的彌補。畢竟，只有讓第二個女兒活得瀟灑，作為母親的武則天才可以對得起那個夭亡的大女兒，也只有這樣的情節才符合人性關於親情的定義。

後來，武則天放棄居住大半生的大明宮，改洛陽為東都，將大周朝的行政機構全數遷往該處，僅留少數皇家衛兵、宮女和太監留在安靜的大明宮等候女皇的歸來。

作為大周朝的帝王，武則天的遷都沒有什麼特別的，向來喜愛洛陽的她將自己的辦公地點放到牡丹之鄉也在情理之中。然而，在某些急於尋找佐證的史籍作者眼中，武則天離開大明宮的根本原因還是她對自己罪行的恐懼。她不願意留在自己居住多年的宮殿是因為她經常夢見被自己害死的女兒和王皇后、蕭淑妃，內心的懼怕使她選擇逃避，只有這樣她才可以從夜夜糾纏的噩夢中逃離，獲得身心上的安穩。

面對如此詳細、生動的記載，武則天毒害親生女兒的譴責似乎無懈可擊。可是，歷史真的如同人們傳說的這樣嗎？

翻閱歷史典籍，明確記載武則天殺害親生女兒的並不在少數。《新唐書》《資治通鑑》等名家作品關於這段宮廷風波的記載都十分生動，有理有據。但是，即使如此，關於武則天罪行的指控仍然存在無法解釋的疑點。

首先，從文獻來說，除了上述的幾部著作外，其他記載唐代歷史的書籍如《舊唐書》等並未對此事有明確的記錄。《唐會要》一書中關於王皇后被廢也僅記錄了「俄誣王皇后與母柳氏求厭勝之術」這一句。

其次，翻閱同一時代的文獻，我們也沒有找到武氏毒殺孩子的記載，即使是當時文學家駱賓王親自為李敬業書寫的《討武曌檄》，也沒有將這個罪狀放入其中。

當時，李敬業以皇族姓氏的名義展開了對武則天的討伐，雙方站在你死我活的立場上互相爭鬥。為了動員所有人一同反對武氏，駱賓王的《討武曌檄》不止一次地對武則天進行「黑化」，甚至說她「虺蝪為心、豺狼成性，近狎邪僻，殘害忠良，殺姊屠兄，弒君鴆母」。但仔細研讀這幾句話，卻並未發現虎毒食子的相關字眼。

如果說，文人有為當權者粉飾太平的嫌疑，駱賓王是最不可能為武則天說好話的，倘若武則天真的殺害了自己的女兒，或是坊間對此有所傳聞，駱賓王肯定不會放過這個譴責「妖婦」的好由頭。《討武曌檄》中駱賓王的隻字未提，似乎也間接證明武則天並未毒害自己的女兒。

歷史的車輪是向前的，某個時代的故事總會因為時光的流逝而成為後世加工、揣摩的原材料。武則天的第一個女兒確實是死了，但究竟是如何

死的現在卻無人知曉。當理性回歸頭腦，這些宮闈內的是非其實僅僅是歷史的細枝末節，真正可以用來評價帝王身後名的還是他們當政時做出的政績和決策。

武則天掌權的50年裡，勸課農桑一直是她不遺餘力進行的工作。她鼓勵官吏重視農業建設，對造成百姓流離的官員做出嚴厲的懲罰。農耕的飛速發展帶來社會經濟的繁榮。據統計，唐太宗時大唐的戶口僅為380萬戶，而到武則天統治的末年，這個數字已經增長到了615萬戶。

這段時間裡，大唐政治集團的鬥爭沒有停止過，但整個國家的發展卻是良性的。為了打破關隴士族控制政治的局面，武則天開創性地引用庶族地主參與政權。同時，武則天還積極透過科舉考試錄用人才，被她破格錄用的人才包括狄仁傑、張柬之等人，還有唐玄宗開元時期的姚崇和宋璟等人。

應該說，武則天的出現是意料之外也是情理之中的。沒有她，唐太宗的「貞觀之治」很有可能因為統治者智慧的斷層毀於一旦，唐玄宗的「開元盛世」也不會有良好的社會經濟基礎。從這個層面上說，武則天的出現其實完成的是一個帝王承上啟下的歷史使命。

作為一個女皇帝，武則天的出現本身就容易招致非議。但誹謗也罷，真相也好，那些隱藏在歷史塵埃裡的個人故事於今人來說雖然神秘莫測，但其魅力卻遠不如明確刻在史柱上的功業與成績。

19個附屬國

清朝時，中國國力強盛，東亞、南亞及東南亞等地國力較弱小的國家紛紛「投靠」清朝，成為大清的附屬國。

根據統計，直到清朝滅亡，依附於大清的附屬國先後有19個之多，這其中，除了為後人熟知的朝鮮、越南、南掌（今老撾）、暹羅（今泰國）、蘇祿（今菲律賓）、緬甸外，尼泊爾境內的廓爾喀、巴基斯坦境內的坎巨提、俄羅斯境內浩罕與布魯特與薩克、烏茲別克斯坦境內的安集延、瑪爾噶朗、那木干與塔什干，以及阿富汗、錫金、不丹等國都曾經上表歸順大清。

如此龐大的附屬國團體的存在是不是意味著清朝曾經也進行過殖民擴張？答案顯然是否定的。

關於殖民地和附屬國，不熟悉的人經常會將它們畫上等號。粗淺地看，這兩個詞語表達的都是強國與弱國之間控制與被控制的關係。然而，只要仔細對強、弱國之間的關係進行區分便不難發現，附屬國中的宗主國於附屬國的關係遠比殖民者與殖民地的關係溫和友善得多。

在附屬關係中，附屬國對宗主國來說依然是另一個國家，只是某些特定的權力，如外交權交由宗主國實行而已，其經濟是獨立自主的，甚至附屬國在民不聊生時，來自宗主國的支撐能保證附屬國的正常運轉。

但殖民地卻和附屬國明顯不同。

作為母國發展本國資本主義的重要經濟來源，殖民地除了完全屬於母

國外，其經濟上更是毫無地位。為了給母國輸送足夠的經濟資源，殖民地的百姓開足馬力為資本家累積原始資本，即使受盡盤剝、餓殍遍野，殖民者也不會採取任何救助措施。一旦殖民地失去造血的能力，殖民者便會毫不猶豫地甩開瀕臨滅亡的殖民地，然後重新尋找新的經濟支撐國作為新的殖民地進行統治。

由此可見，殖民地和附屬國有天壤之別，中國與各附屬國之間的關係也表現了這一點。

以朝鮮為例，清朝與它之間就一直保持著一種友好互助的狀態。清兵入關之前，朝鮮與朱氏王朝之間就保持著極為親密的關係。洪武元年，朱元璋遣使到朝鮮向朝鮮王贈賜璽書，兩國宗藩關係建立。1636年，皇太極率兵前往朝鮮，朝鮮國王看到明朝滅亡已成定局，便結束明朝的一切交往，奉清朝為宗主，成為清朝的附屬國。

清軍入關以後，定都北京，朝鮮作為屬國開始派遣使節定期往來。每年除了冬至、正朔、聖節、納歲幣這四次固定朝貢外，朝鮮在有需要清廷協調的時候也會不定期遣使來華。

明治維新後，日本迅速崛起，朝鮮作為鄰邦，自然成為日本最鄰近的侵略對象。1876年1月，日本單方面發動侵略戰爭，強行登陸後，於1876年2月26日強迫朝鮮李氏王朝簽訂朝日《江華條約》。

面對日本的狼子野心，朝鮮無力抵抗，只好派遣使臣前往清朝求助。當時清廷尚未與日本對戰，出於宗主國的責任，朝廷迅速派兵前往朝鮮半島平息日本蓄意發動的「壬午兵變」和「甲申政變」。

朝鮮因此獲得短暫喘息的機會，但政治集團的鬥爭卻讓這個國家混亂不堪。1882年，朝鮮高宗王妃明成皇后閔氏因為政治鬥爭失利而被驅逐

出宮，閔妃集團不滿高宗生父大院君的閉關鎖國的政策，派遣使者前往清廷救助。清廷聞言，派丁汝昌等人率數百名清兵前往朝鮮協助閔妃集團反擊，並且最終將大院君拿下，幫助明成皇后順利返回宮廷。

朝鮮王朝在明成皇后的統治下逐漸向開放的狀態發展，但日本軍隊卻變本加厲地在海上挑起戰爭。海戰的失敗讓中、朝兩國新政的進行十分艱難，效果尚未顯現時，這兩個政治上的老友就在日本的武力強迫下淪為殖民時代的「難兄難弟」。

中日甲午戰爭失敗後，清政府被迫與日本簽訂喪權辱國的《馬關條約》，清朝與朝鮮的宗藩關係結束，兩個與人為善的國度因為殖民者對國外資本的渴求成為資本輸出方。

與朝鮮經歷類似的還有附屬國安南，也就是今天的越南。順治十七年，安南黎朝派遣使者前往清朝朝貢，並請求清朝的冊封。清帝接受朝貢後，隨即冊封黎維棋為安南國王。後來，割據於安南南方的阮氏集也派遣使節前往中國，希望請求清廷冊封其為安南國王。清廷因先前與黎國建立藩屬關係，便拒絕阮氏的請求，阮氏無奈，只好自立為王。

1875年前後，清政府應安南國之邀，派遣黑旗軍前往越南協助安南國王剿匪，法國殖民者到達越南後，強迫安南國簽訂不平等條約，並且要求清政府約束黑旗軍。1877年，越南照例派遣使者前往中國朝貢，法國未加阻止，但六年後，法國卻發動蓄謀已久的全面侵越戰爭。

戰敗的越南被迫簽訂越法《順化條約》，中法戰爭中失敗的清朝政府被迫簽訂《中法新約》，承認法國與越南訂立的條約，放棄對越南的宗主權。

隨後，蘇祿、暹羅等國也在殖民地擴張的過程中慢慢地從清廷的附屬

國轉變為殖民國家的殖民地。一種基於剝削與被剝削的殖民關係，取代原本友好的藩國關係，曾經恢宏的封建宗主國在資本主義擴張的時代背景下一去不復返。清廷雖然本著宗主國的義務維護著附屬國的利益，但自身國力的衰敗和來自多個殖民者的多重打擊讓這個曾經的東亞大國逐漸陷入任人宰割的境地。

第5章

諧——五湖四海互融合

秦掃六合

天下大勢，合久必分，分久必合。

作為中國第一個真正的統一王朝，秦朝的建立開創了天下歸一的局面。秦始皇的雄才大略和殘暴統治引來後人的爭相議論，但秦國橫掃六合的霸業和功績卻無論如何也無法消散在歷史的塵煙裡。

有人說，秦國之所以能統一六國在於它自身的強大，這句話雖有道理，卻不全面。作為崛起於西面蠻荒之地的國度，秦國一開始並不在強國之列。

當這個曾經名不見經傳的秦國在眾多諸侯國中脫穎而出並且最終成為天下霸主時，只將它自身的強盛作為造就歷史的緣由顯然單薄了些，驅動歷史走向這樣一個結局的除了秦國的壯大，還有其他六國的各自為政。

縱觀戰國歷史，秦國在發動全面侵蝕他國的戰爭之前，其他六國其實完全可以聯合起來，因為蘇秦費盡心力想要遊說六國國君聽從的正是聯合起來對抗秦國的「合縱」政策。

剛開始，蘇秦不是秦國的堅定反對者，相反地，師從鬼谷子的他在看到秦國崛起後，首先想到的就是如何幫助秦國吞併天下。他面見秦惠王，建議對周邊各國各個擊破，然後兼併天下，稱帝而治。可是，秦惠王沒有被這個年輕人的建議打動。在秦惠王看來，蘇秦的言論多少有些幼稚，秦國羽翼未豐，自己也剛繼位，雖然有擴張的野心，卻暫無擴張的實力。

他婉言拒絕蘇秦的建議，命人將他請出宮殿，從此不再召見。師出名

門的蘇秦本身就帶著些驕傲，遭遇秦惠王冷落後，一氣之下，蘇秦離開秦國，轉以遊說的方式號召其他各國統一起來，以此抵抗秦國的東進。

蘇秦將秦、齊兩國之間的局勢攤在齊宣王面前，齊宣王茅塞頓開；楚威王苦於秦、楚兩國一直以來此消彼長，難以並存的困境，聽了蘇秦的建議以後，也答應他「合縱相親、孤立秦國」的建議；韓、趙、魏等國知道自己的國家距離秦國太近，從戰略上說，彼此之間屬於一榮俱榮，一損俱損的依存關係，為了保全自己，這三個國家的君王也聽從蘇秦的建議。

就這樣，六國合縱聯盟成功結成，這個五倍於秦國土地，十倍於秦國兵力的超級聯盟，聲勢浩大地將秦國堵在函谷關，並且一堵就是十五年。蘇秦本人也因為卓越的才華和對天下大勢的深刻理解，被各國公推為合縱聯盟的盟長，並且同時擔任齊、楚、燕、韓、趙、魏等六國的國相。

當蘇秦將合縱盟約送交秦惠王手上時，這位曾經將他趕出秦國的國君有些感慨。他懊惱自己曾經的失誤，但諸侯國聯盟已定，他可以做的就是將已然結成的聯盟強行拆散。

於是，和蘇秦師出同門的張儀上場了。

他果斷地捨棄了秦惠王允諾他的高官厚祿，獨自一人進入六國，並且以三寸不爛之舌將已經不堪一擊的同盟關係一點一點地摧毀。和蘇秦的「合縱」相對應，張儀主張各國分別與秦國交好的謀略被稱為「連橫」。

張儀看準了各國利益至上的習性，以秦國之名許諾未來的利益。各國見有利可圖，紛紛背棄原來的盟約，單獨與秦國結盟。這一招在緩解秦國被孤立局面的同時，更給秦國「點殺」各國創造了良好的外交環境。

西元前230年，秦始皇派內史騰率軍攻打韓國，秦國統一各國的戰爭由此拉開序幕。秦國將軍俘虜韓王安後，秦王下令在韓國故地設置了潁川

郡，韓國從此成為秦國的管轄地區。

西元前229年，趁趙國發生地震與饑荒之際，秦始皇再次命王翦、楊端等人向趙國發動全面進攻。次年，王翦大破趙軍，攻克邯鄲後，趙國宣告滅亡。秦兵揮師北上，燕國危在旦夕。

燕太子丹懼怕秦國兵力，派荊軻刺殺秦王，結果未能如願，秦王被激怒，直接派兵攻打燕國，太子丹被迫逃到遼東。燕國滅亡後，秦國的矛頭直指魏國，魏國無力抵抗，僅三月後便舉兵投降。

第二年，秦楚交戰。秦國派出老將王翦率大軍對抗。楚軍大敗，楚王被俘，王翦乘勝追擊，渡長江平定楚國江南地區，楚國覆滅。沒有楚國作為戰略夥伴，齊國顯得更加孤立無援。西元前221年，秦始皇命王賁自燕國南下進攻齊國。齊國來不及防備，都城臨淄毫無抵抗就被攻破了。齊王束手就擒，齊國併入秦國版圖。

一個統一的王朝在冷兵器的廝殺中伴著血流成河的悲壯成立了。不論齊、楚、燕、韓、趙、魏六國的臣民多麼不情願，歷史的車輪終究朝著不可逆轉的方向疾馳而去。

嶄新的朝代帶來的應該是嶄新的局面，可惜，廝殺了大半輩子的始皇帝嬴政未能改變長久作戰的習慣。原本應該受到呵護的新生國家因為他的殘酷和暴虐變得混亂，歷史會記住秦始皇統一六國的豪邁，但更會記住他的橫征暴斂。

和平的曙光須臾即逝，陳勝吳廣揭竿而起後，中原大地又一次陷入混戰。秦國橫掃六合的威風還在老臣的回憶裡閃光，秦王朝卻在起義軍的號角和烈火中消失殆盡。

胡笳十八拍

　　對很多女性來說，婚姻是一生中最重要的事情之一，因為一段姻緣不僅可以讓少女時代的女性觸角變得成熟，更能讓她們的心性與人格得到成長。對蔡文姬來說，短暫生命中顛沛的三次婚姻更是她生命之花得以綻放的重要依託。

　　蔡文姬不是金銀滿身的富家小姐，也沒有皇族公主與生俱來的榮耀，但作為漢代大文豪蔡邕的掌上明珠，她身上有與生俱來的高貴和文雅。按照蔡文姬的家世背景，選一個門當戶對的才子共度一生並不算難事，可惜，政壇的風雲變幻讓書香門第的蔡氏家族淪為政治的犧牲品，蔡文姬的平靜生活也因為父親上書抨擊朝政獲罪而終結。

　　昏庸的朝堂上，蔡邕的上書非但沒有獲得皇上的贊同，反而招惹來悲慘的結局。皇帝沒有剝奪蔡家人生存的權利，流放的罪名卻給得實在。聖旨一下，年少的蔡文姬跟隨父親開始了顛沛流離的生活。流亡的途中，十六歲的蔡文姬還沒有足夠的時間領悟婚姻的奧義，就完成自己和衛仲道的第一段婚姻。

　　漢初，衛青的赫赫戰功讓衛氏一族成為名門望族。到東漢末年，衛仲道雖然沒有先輩們那樣顯赫，但名聲在外，河東衛氏依然頗有口碑。只是，造化弄人，這場門當戶對的婚姻卻因為丈夫的早死而夭折，蔡文姬還未完成真正的成長，便不得不重新回到娘家居住。

　　漢朝是一個開放的時代，女子在婚姻方面的選擇靈活了許多。舉一

個例子，《孔雀東南飛》中，劉蘭芝和焦仲卿十分恩愛，但迫於婆婆的壓力，她不得不回自己娘家居住。劉蘭芝是一個出色的姑娘，被婆家趕回娘家後，前往劉家提親的人依然絡繹不絕。從這個角度看，對蔡文姬來說，第一段婚姻的失敗不是致命的打擊，只要她能重新找到適合的人家，依然可以成就一段人間佳話。

然而，命運似乎總喜歡和蔡家開玩笑，當婚姻的車輪又一次轉到起始點時，蔡文姬的家庭竟再一次遭遇了來自朝廷的政治打擊。

董卓篡權後，王司徒因為不滿漢室皇權被竊取，便利用計策將他與呂布一網打盡。蔡邕長期流亡在外，對朝中局勢有所耳聞卻不清楚，回朝後，他重新開始了自己的政治事業。蔡邕是性情中人，對先前朝廷上發生的一切頗有想法，就在無意中抒發了出來。可惜，這句感歎的主角是董卓，王允集團聽見了，認為蔡邕還對之前的叛臣有所留戀，所以王司徒一氣之下將蔡邕殺害。

蔡文姬遭遇這場家變後，還未來得及將父親的屍骨收斂便再次踏上流亡的道路。此前，南匈奴便一直對東漢發動挑釁，見漢朝內部出現動盪，匈奴王便下令突襲東漢邊境。蔡文姬本想找個僻靜的地方避難，卻不想竟然在邊境遭遇了匈奴的軍隊。文弱的蔡文姬無力反抗，不得已淪為匈奴人的俘虜。

西漢初期，漢匈關係極為惡劣，在漢人的臣服未能換來和平結局的時候，衛青和霍去病等將領的戰鬥為漢朝贏得生存的尊嚴和議和的本錢。王昭君之後，漢人與匈奴之間又多了一層新的關係，漢族女子在匈奴人的眼中不再是奴隸一樣的存在，一些突破世俗觀念的匈奴人甚至以娶到漢族女子作為特殊的榮耀。這其中，就包括蔡文姬的第二任丈夫匈奴的左賢王。

初到匈奴，蔡文姬十分不適應，隨著她與左賢王的兩個孩子的出生，這個漢家女子竟意外地和當年的王昭君一樣成為漢、匈之間重要的使者。眼看歸國無望，蔡文姬只好用她自己的方式將生活繼續下去。

　　她認真地學習當地的文化，運用她在音樂上的造詣研究匈奴音樂，並且將漢族音律與之相結合，嘗試創作出更多的音樂作品。這樣的經歷雖然是為了排解生活中的煩悶情緒，但為她後來創造出聞名天下的《胡笳十八拍》創造了良好的基礎。

　　在匈奴的日子裡，蔡文姬致力於文化的交融。在孩子的成長過程中，她教導孩子們學習漢家文化，更告訴他們兩個民族相處除了戰爭還有和平共處的可能。雖然她的身分不如當年的王昭君，關於和平的影響力也未能覆蓋整個匈奴族群，但只要有可能，她就會不遺餘力地宣揚自己的主張，以此為民族融合盡綿薄之力。

　　建安十三年，曹操成為繼董卓後東漢的實際掌權者。當年，酷愛詩詞和書法的曹操與蔡邕是要好的朋友，當他聽聞自己好友的女兒被匈奴左賢王俘虜為妻時，心中頓感不捨與傷感。作為馳騁戰場的將軍，曹操見過的英勇之人不在少數，即使如此，當年「煮酒論英雄」時他依然固執地認為只有自己和劉備可以稱得上「梟雄」二字。然而，就是這樣一個頗為自負的當世豪傑，卻難得地將蔡文姬列為欽佩之人。

　　出於故人的情誼，曹操竭力促成蔡文姬的歸漢之行。他向左賢王提出，以金銀錢財與綾羅綢緞為代價贖回蔡文姬。左賢王顧及兩個孩子的情感，不願意答應曹操的請求，蔡文姬雖然也與孩子情深意長，卻因為父親的墳塚仍在大漢，且尚有眾多遺作亟待整理，她毅然放棄在匈奴的生活，跟隨漢朝使節重新回到自己的國家。

一段漢匈和親的佳話在蔡文姬回到漢朝後停止，但漢匈文化的交融卻沒有因此停下它的腳步。

　　回到故土後，蔡文姬對孩子們的思念與日俱增。親人的離散之苦激勵她用更加勤奮的態度投入到書稿整理中，同時也催生了她音樂創作的靈感。當年，蔡邕就曾經因為古曲而聞名天下，蔡文姬繼承父親在音樂上的才華，更結合了多年來對匈奴音樂的體會，以情為譜，化淚為音，最終創造出了流芳百世的名作《胡笳十八拍》。

　　所謂十八「拍」即為十八「首」，而「胡笳」指的則是琴曲中的悲傷之音。通聞全曲，每一段都離不開淒涼二字，手指劃過琴弦時，高亢的音色飽含滄桑，低沉的音色更顯深沉哀怨，更是像極哭泣時的淒切哀婉。用郭沫若的話來說，這首融入蔡文姬真實情感的琴歌是自屈原《離騷》後最值得欣賞的長篇抒情詩。後世對這首作品的傳頌，也證明它的獨一無二。

　　在洛陽居住期間，蔡文姬孤獨一人的景象令人心疼。在好友的引薦下，蔡文姬與董祀開始了自己的第三段婚姻。和前兩段情感歷程相比，史書對第三段婚姻沒有著墨太多，但這卻絲毫掩蓋不了蔡文姬這個偉大女性的理性光芒。

　　作為屯田都尉，董祀的官職並不算顯赫，但是官場多變，偶爾的過失招來殺身之禍也是常有的事情。當他因為過失而被曹操囚禁時，一身清白的蔡文姬非但未曾離去，反而勇敢地前往曹操帳下，希望以自己的力量救回丈夫的性命。

　　曹操掌握生殺大權多年，對一個普通小吏的生死並不在意。他對蔡文姬說，判處死刑的裁決已經生效了，再求情也沒有用了。蔡文姬卻反問曹操，馬廄中有如此多的駿馬，為何寧可閒置也不肯派人快馬加鞭地前往刑

場救人。

　　曹操一時之間無言以對，看到蔡文姬對丈夫的深情竟也動容了。最後，曹操還是同意了蔡文姬的請求。他命手下的小吏趕去刑場救人，行刑前，曹操赦免的行文順利地到達，蔡文姬的丈夫董祀也因此保住一條性命。

　　和伯牙、鐘子期不同，蔡文姬不是註定為音樂而生的，但她非凡的造詣卻讓她擁有流芳百世的作品。有人說這是一種巧合，畢竟古代女子能做曲的不多，人們能記住《胡笳十八拍》也是因為蔡文姬這樣的人物十分罕見。這樣的說法或許有一定的道理，但只要認真閱讀蔡文姬的人生，我們便不難發現蔡文姬之所以能成為後人讚頌的對象不單在於她出眾的才華，更在於她身上難得的、足以與男兒匹配的氣魄和膽識。

五胡內遷

世界歷史的發展歷程一直都伴隨著民族融合的腳步，而佔據著東亞大陸最廣袤土地的中國，其超越千年的歷史更是一部民族融合史。

魏晉南北朝之前，中原大地上已經發生過一次較大的民族融合，發生在春秋戰國時期。那時，中原地區沒有形成統一的民族，周邊民族向中原腹地集中時，七國統一戰爭也同時在進行。

始皇帝嬴政將天下變為一國後，書同文、車同軌的整治措施淡化了民族間的差異。後來，陳勝吳廣揭竿而起，項羽劉邦爭霸後，天下被劉氏皇族掌控。漢朝誕生，中華民族的主體「漢族」也在這樣的歷史變遷中形成。

漢朝與匈奴之間戰爭不斷，雖然各有勝負，但漢朝的勝利依然佔了很大比例。那時，匈奴是所有少數民族中最強盛的民族，匈奴最後選擇與漢朝聯姻的道路，其他少數民族自然也沒有挑釁漢朝權威的理由。

隨著時間的流逝，漢朝在戰場上的優勢因為東漢王朝的衰敗、腐化而逐漸丟失。東漢光武帝建武二十二年開始，游牧民族逐漸向中原遷徙，長城周邊成為他們常駐的勢力範圍。到魏晉時期，游牧民族成為關中涇水、渭水的常住居民，連晉朝都城洛陽都成為少數民族環繞之地，城中街巷時有胡人出沒。對於胡人的入侵，漢人發自內心地恐懼，但力量懸殊，文弱的中原人實在沒有力量將他們重新驅趕到長城以外。

晉惠帝「八王之亂」後，晉朝司馬氏建立起來的短暫統一的局面被打

破，西晉皇帝因為國內政治勢力的分裂無法在北方站穩腳跟，國力空虛、民生凋敝之際，殘留的晉朝皇室成員帶領部分心腹大臣前往南方重新起家。

中原漢族軍事力量的撤退給胡人的生存帶來難得的寬闊場景，趁晉朝皇室及士族南下之際，北方胡人也同時南下，並且將北方大部分地區變成自己民族的生長繁衍之地。

曾經，歷史學家將匈奴、羯、鮮卑、氐、羌等五個少數民族內遷到中原的混亂局面稱為「五胡亂華」。雖然這樣的概括能生動再現當時的政治局面，但是從發展的角度來講，五胡到中原的舉動對歷史發展的影響終究還是利大於弊。

客觀地說，五胡內遷的時候，華北的長期混戰確實給民生經濟帶來極大的破壞，人口銳減之際，僅存的士族大夫更是人人自危。為了自保，大夫們紛紛建立自己的塢堡以防禦胡人的侵襲，民族之間的隔閡因為高牆的築起變得十分棘手。

看著東晉政權在南方生根，士族們不得不接受司馬氏不再回到北方的事實。沒有皇權可以依靠的北方士族趁著最後的機會向南方遷移，南渡的人口連年增加，五胡軍隊的燒殺搶掠也因為中原人口的銳減而更加肆無忌憚。

從北方來的士族、仕人、農民、手工業者、商賈，給貧瘠的南方帶來先進的文化與製作工藝，南方一度停滯的經濟因為移民的到來迎來新一輪的發展。江淮和江南地區日漸繁華，逐漸成為全國的經濟文化中心。北方卻因為人才的流失和十六國混戰出現空虛的場面。

經過一百多年的紛爭，西元439年鮮卑拓跋部終於以絕對的武力優勢

統一北方，而交錯縱橫的胡人文化和漢人文化之間的和諧共處局面也由此展開。

嚴格意義上說，拓跋宏不是「純種」的鮮卑人。作為獻文帝拓跋弘的長子，拓跋宏的生母李夫人是當時中山大族李惠的掌上明珠。當時，坊間的鮮卑族與漢族之間雖有交集，但是真正的聯姻卻更多地發生在皇室、貴族之間。出生於宮廷中，拓跋宏因為母親的知書達理和馮太后淵博的學識而擁有接觸和瞭解漢族文化的機會。儘管後來李夫人因為北魏「子貴母死」的制度在拓跋宏冊封為太子時被賜死，但繼承部分漢人血統的拓跋巨集卻已經脫下了民族主義極端推崇者的外衣。

在他眼中，在中原地區延續千年的漢文化和五胡文化相比具有明顯的優勢，自己雖然歸屬於鮮卑族，但想要實現自己的部落對廣袤北方的統治，以身作則地推進鮮卑族的漢化顯然是有必要的。

遷都洛陽後，拓跋宏開始了自己的漢化政策。他禁止鮮卑族繼續穿胡服，將漢人服裝定義為朝廷的正統服飾；他要求官員們上朝不得繼續使用鮮卑語；他將鮮卑貴族的姓氏改為漢姓，提倡他們與漢族高門通婚，同時還要求貴族死後必須葬在河南洛陽，並且將此地當作籍貫，從此不再強調自己的鮮卑族身分。

站在鮮卑族的角度上看，拓跋宏的做法顯然是將自己的民族推向了「滅亡」的邊緣，但站在歷史前進的角度看，拓跋宏順應時代潮流的做法是讓他民族的子民得以綿延下來的重大舉措。歷史的發展從來都不會因為情感而轉移，時光的流逝如同一去不復返的江水，既可以將順流者送到遠方，也可以將逆行者帶離目的地。

北方的空虛給胡人的入侵帶來千載難逢的機會，但漢文化的高度發

達和胡文化的依舊落後卻是不爭的事實。武力征服可以帶來疆域的快速擴充，但思想意識上的落伍卻會讓得到的勝利化為烏有。

拓跋宏是一代明君，他自然明白自己民族的短板。倘若因為情感束縛而放任鮮卑族將已經站在高台上的北方文明拉入低谷，他手上的權力和統治的疆土終會被南方迅速崛起的東晉吞噬。因此，想要和東晉平起平坐，並且將自己的基業延續下去，緊跟時代文明的腳步才是唯一的出路。

從這個角度上說，五胡內遷其實更是低級文明向高級文明靠攏的過程。儘管這樣的融合多少帶著血腥的味道，但可喜的是，漢族與各少數民族不再彼此封閉，長期橫亙在彼此心間的隔閡也因為模糊的疆土、紛亂的戰爭及柔和的政策被徹底打破。

十三洋行

清朝時中國做生意的人有很多，其中最出名的有三大幫派，一個是山西商人組成的晉商團，一個是江淮的鹽商，而最後一個則是名氣不大但富甲一方的「廣東十三洋行」。

2001年《華爾街日報》評選出的千年來最富有的五十人名單中，廣東十三洋行的伍秉鑑就是其中之一。

伍秉鑑是誰？他到底有多富有？

如今提到這個名字大家肯定會覺得陌生，但是在十九世紀他卻是響徹東西方的世界首富。在英國的東印度公司聚集了世界上大量財富的時候，伍秉鑑卻是這家公司最大的債權人。除此之外，他還在美國投資鐵路、證券以及進行外貿交易，每年伍氏家族在與英商、美商的貿易中獲得的收益就達到數百萬兩白銀。

究竟是什麼原因讓伍秉鑑的生意做得如此巨大，又是什麼原因讓十三洋行一躍成為中國最賺錢的行當和企業？

這一切，還得從清政府的閉關鎖國政策說起。

作為封建社會最後的餘暉，清朝統治者實行的閉關鎖國政策說到底是一種自我保護的行為。雖然它在一定程度上維持了已經發展到頂峰的封建制度，但是在整個世界經濟發生巨大變化的同時，這種「鴕鳥式」的躲避終究和時代經濟的發展不吻合。

面對逐漸興起的國際貿易，清政府統治者不得不在沿海口岸撕開經

濟交融的口子。康熙二十四年，清政府終於同意進行對外貿易，廣州、漳州、寧波、雲台山這四個地方也因為近海的緣故成為中國第一批自主開放的官辦通商口岸。到乾隆二十四年，清政府又將發展較弱的三處通商口岸關閉，只留下廣州一地作為對外窗口，以此經營進口的洋貨和出口的本土貨物。

和清朝出了名的腐敗份子相比，十三洋行的富有程度絲毫都不遜色。有一次，存放十三洋行收入的銀樓不小心著火了，耐不住高溫薰烤的金銀溶成水流出庫房，火勢撲滅後，溶液竟順著街道擴散到兩公里以外的郊區。此事一出，街市上所有的百姓都為十三洋行的富有感到震驚。

準確地說，初期的十三洋行的收入是合法的，也是合理的。貨物貿易過程中累積起來的資本既不是官商勾結的結果，也不是貪汙受賄的罪行。作為國家制定的「牙商」，十三洋行的發展之所以能如此順利，根本原因就在「官府支持」和「唯一出口商」上。

有了官府的信任和親自發放的通行證，十三洋行大規模地接觸英、美、法等帝國的商人變成合法行為，「全程壟斷」的商業貿易更讓商行的老闆們沒有競爭的隱患。各類商品價格由老闆說了算，即使國外商人對此頗有微詞，但茶葉等高級商品的誘惑卻讓洋商們欲罷不能。

1600年左右，中國的茶葉在西歐依舊是炙手可熱的奢侈品。雖然咖啡也開始走進英國人的生活，但作為英國女王禮品的中國茶葉其地位卻仍舊不曾被撼動。當時，英國家庭每年購買茶葉的費用接近全年收入的十分之一，東印度公司和十三洋行的交易總量中，九成以上的貨箱裡裝的是運往英國的茶葉。除此之外，中國的絲綢和瓷器也是廣受好評的產品。憑藉良好的品質，普通的中國商品在世界各地深受追捧。「五絲八絲廣緞好，銀

錢堆滿十三行」，用當時的話來說，十三洋行就是一個金銀堆積的倉庫。

近代之前六到七成的白銀幾乎全部來自海外貿易。茶葉、絲綢和瓷器這三樣產品雖然簡單，但其收入卻支撐了整個清王朝百餘年的貿易順差，直到殖民者無恥地用鴉片輸入的方式干預並改變正常的貿易局面，中國才轉貿易順差為貿易逆差。

自那以後，中國成為殖民者傾銷貨物的半殖民地，儘管還保留著封建社會的半個身分，但西方列強用鴉片和船堅炮利對中國進行侵略的步伐卻從此一發不可收拾。罪惡的鴉片貿易中，十三洋行也逐漸蛻變成帝國主義侵蝕中國資本的幫凶。儘管他們沒有直接購買鴉片進行倒賣，但是在林則徐緝拿販賣煙土的洋人時，十三洋行對東印度公司等鴉片銷售者的包庇卻同樣加重了事態的發展。

原先的國門驕傲變成國門恥辱，十三洋行的本質再也不是商貿那樣純粹了。1856年，一場大火，十三洋行付之一炬，結束它長達一百多年壟斷中國對外貿易的顯赫歷史。世事變化無常，見幾家貧了又富，又見幾家富了還貧？

第6章

通——六合之外有乾坤

絲路36國

　　對中原人來說，西域從來都是充滿神秘色彩的地方。春秋戰國時期，各國逐鹿中原，最西的國家是後來稱霸天下的秦國，其疆域卻也沒有到達塔克拉瑪干沙漠的腹地，因此關於西域的記載並不算詳細。直到漢武帝當政時，張騫奉命出使西域，並且打通絲綢之路，西域36國的神秘面紗才真正展現在世人的面前。

　　唐代玄奘西行，其作為歷程記錄的巨著《大唐西域記》對沿途各國的地理環境和人文習俗做了十分詳細地描述。儘管後世對這本書十分推崇，由它引申出來的話本小說《西遊記》更是家喻戶曉，但不可否認的是，玄奘不是記錄西域風土人情的第一人，中國歷史上第一次對西域各國做出詳細刻畫的人正是張騫和他手下漢朝使團的成員們。

　　按照現代的說法，西域其實存在廣義和狹義兩種解釋。廣義的「西域」指的是敦煌以西、天山南北及中亞、西亞等地，而狹義的「西域」則僅僅指代如今的新疆維吾爾自治區的南疆地區。大漠無邊，風沙肆虐，如今看似蒼涼的塔克拉瑪干沙漠在兩千年前卻是綠草如茵、水草肥沃的宜居場所。那時，西域小國林立，國家數量最多時更是達到五十個以上。後來，兼併戰爭不斷，弱肉強食的政治規則下，原本的幾十個國家最終「濃縮」成36國。

　　西元前129年，張騫等人成功逃離匈奴陣營，並盡全力完成漢武帝交代的聯絡西域各國共同抵抗匈奴的出使任務。返回長安後，漢武帝對張騫

等人大為讚賞，並命張騫為朝中大臣講述西域的經歷。時逢司馬遷在朝中擔任史官一職，他根據張騫等人的描述，小心記載，並且在《史記》中首次給西域36國一個確切的名稱。

記錄的畫面如今已找不到史籍佐證，我們無從判斷司馬遷給這36個國家命名時選擇的文字是諧音還是象形，但無論是何種記錄方式，我們都對他付諸筆端的行為表示讚賞。畢竟，若沒有當年太史公的及時記錄，如今的人們又如何知道那些淹沒在漫漫黃沙之下的王國都叫什麼。在這些充滿異域色彩的名稱中，除了後世廣為傳說的烏孫、龜茲、大宛、樓蘭、大月氏、安息、姑墨等古國名稱，更包括且末、戎盧、西夜、溫宿、單桓、蒲類這些鮮為人知的國家名號。

歷史的發展規律裡，大國往往容易成為國家政治的主角，也更容易在青史上留下自己的篇章。然而在張騫的眼中，這些環繞在匈奴王庭四周的國家，不論大小都是值得爭取的對象。原先，張騫的目的國只有大月氏，國王果斷拒絕漢朝皇帝聯合對抗匈奴的建議以後，張騫的腳步朝著更西的方向而去。張騫和他的團隊也因為這次意外的失敗得到更深入瞭解西域的機會，一條聯通歐亞大陸的商貿大道——絲綢之路因此出現在世界歷史的舞台上。

在很多紀錄片和歷史文獻中，絲綢之路最重要的使命就是將東方的絲綢和茶葉傳送到西域甚至更遠的歐洲大陸，但道路本來就是雙向的，當東方精巧的技藝和神奇的茶葉帶給西域各國的貴族們超凡的視覺體驗和味覺的享受時，那些同樣精巧的西域文化和同樣神奇的西域物品也順著商隊流通到東海之濱。

以龜茲為例，它雖然先後臣服於匈奴王庭和大漢皇室，但處於絲綢

之路要塞上的它卻擁有極為先進的宗教文化和藝術。當地的人們除了擅長音樂，更懂得將繪畫與雕刻結合在一起。在莫高窟壁畫及雕刻藝術出現之前，龜茲人就已經在洞窟上刻畫自己國家的神明與普通百姓的市井風俗。這些藝術風格沒有在中原形成主導，但敦煌莫高窟上充滿異域風情的畫面卻說明瞭西域文化對中華文明的影響。

除了音樂和繪畫，龜茲的冶鐵業也十分出色。當時西域各國的鐵器製造技術幾乎都來自龜茲工匠之手，而他們冶煉金屬的技藝也傳入中原，給漢族人民的冶鐵技術帶來全新的靈感，也帶來別樣的製作體驗。

這樣的文化交融使得絲綢之路互通有無的精神實質得到延續和傳承，而漢朝與西域國家的良好邦交也因此成為時代的佳話。

出於和平的考慮，西漢皇帝在派人打通西域各國通道的同時更是將自己心愛的女兒作為和平的使者遠嫁到西域的國家中聯姻。和龜茲一樣，烏孫國同樣是當時西域36國中的佼佼者，只不過和龜茲相比，烏孫與西漢皇室的關係因為聯姻的緣故顯得更加親密。

漢武帝時，匈奴的蠻橫讓西漢邊境不得安寧，西域的小國也因為這樣一個尚武的鄰居而飽受戰爭影響。為了尋找盟友，漢武帝果斷提出與西域地區最大的王國——烏孫國聯姻的意見。烏孫並非弱者，對匈奴在敦煌、祁連山一帶的騷擾十分不滿。以畜牧業為主的它無法忍受匈奴人用游牧的方式放肆搶奪自己辛勤勞作的成果，因此找到一位盟友同樣成為烏孫國國王心中的理想。

西元前105年，漢武帝劉徹侄子劉建之女劉細君被冊封為公主，並與烏孫國王獵驕靡結為夫婦。雖然她在烏孫國為右夫人，地位比烏孫國王的原配要低，但作為漢朝的公主，劉細君卻獲得烏孫國上下的一致擁戴。生

活方式的不同，語言的不通讓這位從小錦衣玉食的公主感到諸多的不適應，但作為「使臣」，劉細君甚感自己責任重大，思鄉思國的寸寸柔腸更是化成纏綿的旋律，傳唱千里。

「吾家嫁我兮天一方，遠托異國兮烏孫王。穹廬為室兮旃為牆，以肉為食兮酪為漿。居常土思兮心內傷，願為黃鵠兮歸故鄉。」這首細君公主創作的《悲愁歌》雖簡短，卻描繪了她內心的孤獨和傷感。每當太陽升起，公主都會朝著故土的方向眺望，即使不能回到故土的懷抱，那種與漢族百姓同看一輪朝陽的安慰還是可以成為她留在烏孫國的動力。

當匈奴的鐵騎在漢族和烏孫國的軍事打擊下開始收斂時，曾經猖狂一時的草原狼成為政治囚徒。漢人們歡呼雀躍，烏孫國的臣民們也興高采烈。聯姻帶來的同盟關係在這一刻實現自己的價值，人們為這樣的民族合作拍手稱好，更將聯姻的傳統延續下來。

這之後，漢代聯姻的公主逐漸增多，西域36國中與漢族有姻親關係的王室也越來越多。從此，遍布在絲綢之路上的西域36國與西漢不再停留在聽聞彼此的膚淺關係上，已經融入血脈的姻親關係讓彼此成為共同成長的聯盟。

西元1年的佛光

佛教、基督教、伊斯蘭教並稱為世界三大宗教。在中國，這三個宗教都有一定數量的信徒和宗教場所，這其中，信眾最多、影響最大的宗教則是在西元1年左右傳入中國的佛教。

古代印度，林立的小國之間戰火不斷，悲傷中的人們渴望和平更渴望心靈的解脫。在眾生都對人生苦難無法解釋時，一個名叫釋迦牟尼的王子出現了。他雖然出身貴族，但心繫百姓的他卻毅然放棄原先的富貴生活，獨自一人留在山中參悟人生的苦痛與世事的滄桑與悲涼。對生命真諦的終日冥想讓他靈台更清明，當他在菩提樹下悟道時，一個影響世界近三分之一人口的宗教誕生了。

在佛家的視野裡，人生的苦難來自因果循環，而生命裡發生的每件事情也都可以用「緣」來解釋。用現在唯物主義的觀點來解釋，佛教的教義似乎沒有多少科學性可言，但是從人性與心理學的角度考慮，這種以前世的罪孽解釋今世的苦難，並賦予來世希望的理論，卻十分符合古時窮苦民眾對未來充滿憧憬、渴望的心態，也符合統治者用這個理論安撫百姓，並教導他們安於現狀，任由自己奴役的政治需求。

漢代時，佛教不是最盛行的宗教，道教才是深受百姓的喜愛的宗教形式。那時，街市或是村落的百姓對道家的煉丹修道十分信奉，甚至連皇宮裡都充滿「黃老」學說的推崇者。其中，漢武帝的祖母竇太后就是堅定的「黃老學說」擁護者。她認為「無為而治、與民休養」是最重要的政治核

心，這個思想十分適合漢文帝、漢景帝時期恢復生產的歷史需求，其被大規模傳播也具有一定的民生基礎。

到了漢武帝時，國家的經濟有了長足的發展，想要建立一番偉業的武帝認為一味地休養生息並不能達到打擊匈奴、壯大漢族的目的。於是，在董仲舒的建議下，武帝開始了大規模的「罷黜百家、獨尊儒術」的思想整合運動。從那以後，儒學開始成為國家正統的哲學思想，皇帝作為「天子」的地位也被逐漸確定下來。承襲自道家思想的「黃老學說」的興盛狀態因為皇帝的干預出現收斂的跡象，宗教裡道教獨大的局面被打破，剛進入中國的佛教正在這個時候找到屬於自己的空間，並且在中華大地上長出第一抹新綠。

到東漢末年，大乘佛教中提倡的對父母恩、眾生恩、國王恩和三寶恩的報答思想已經在民眾和百姓間得到認同，到南北朝時，佛教更是在南方宋、齊、梁、陳各代帝王的大力推崇下得到空前的發展。杜牧在《江南春》裡說「南朝四百八十寺，多少樓台煙雨中」，雖然這個數字有明顯的杜撰成分，但是他反映的南朝寺廟經濟蓬勃發展的歷史場景卻是真實可信的。那時，民眾信佛，皇帝也信佛，全民推崇的局面讓佛教遍地開花，也造成它發展過度的不良局面。

梁朝的梁武帝對佛教簡直可以用「篤信」二字來形容。對他來說，佛教不僅是「愚民」的手段，更是自己的精神寄託。他自稱「三寶奴」，甚至四次捨棄皇位打算入寺為僧人。國不可一日無君，臣工們出於國家社稷考慮，不得不動用國庫以鉅資贖回一國之主，而這樣的舉動也造成寺廟極為富裕的局面。

走出寺廟後的梁武帝並未停止自己的行為，相反地，他因為自己無

法皈依佛門而感到愧疚。為了補償，也為了讓自己嚮往的佛教有更好的發展，梁武帝透過建立大批寺廟及親自講經說法的方式給寺廟提供援助。

那時，寺廟累積的財富比任何一個國家機構都要多，加上僧侶可以不承擔社會勞動義務，是依靠供養過活的「閒差」，因此老百姓不堪勞作重負，紛紛轉行當和尚，社會經濟發展也因此受到極大的影響。

梁武帝後，南朝不堪重負，新上任的梁朝皇帝改變梁武帝過度推崇佛教的政策，命令僧尼還俗，以此增加社會勞動力，減輕財政負擔和百姓稅賦壓力。北朝更是在北魏太武帝、北周武帝的「滅佛」嚴令中，對寺廟經濟進行整頓。

經過魏晉南北朝的極盛與極衰之後，佛教終於在唐朝步入良性發展的局面。雖然李氏王朝以老子李耳的傳人自稱，但武則天旨在與李氏王朝割裂的佛教信仰卻給佛教的生存留下了空間，而她將龍門石窟的盧舍那大佛作為自己化身的舉動，更是將佛教提升成為國家宗教。

隋唐時期，僧人們擺脫了南北朝時期的慵懶形象，佛學傳承者們因為更加追求佛經中的真理而變得出色。玄奘西行、鑑真東渡，這些名垂青史的著名僧侶在提升了佛教與東亞國家之間的契合度的同時，更促成東西方文化的交融。

在經歷兩宋、元明清等朝代的更迭後，佛教最終成為中國範圍內傳播最廣泛、信眾最多的宗教。時間在推移，佛教在中國的根系也越擴越大，與中國人民的思想結合也越來越默契。中國人崇尚「仁義」，佛教中「善惡有報」的思想也同樣深入人心；中國人以家庭為核心單位，佛教中感念親恩的觀念也符合這個思想趨勢。

宗教能綿延這麼多年，除了它特有的神鬼成分適合封建統治者愚民

外，更重要的是它還包含部分教化育人的功用。只是，不可否認的是，作為人類思維重要的引導理論，不同宗教的教義和對世界理解上的差異經常會帶來不一樣的處世觀念。這些觀念給人們提供看待世界的多方位視角，也不可避免地引發不同信眾之間的爭論，嚴重時甚至可能引發肢體衝突與械鬥。

然而，幸運的是，和西方國家混亂的宗教戰爭史相比，中國是世界上少有的從未發生過宗教戰爭的國家。源自印度的佛教在西元十三世紀的時候消失了，但它的教義卻在中國得到延續和發展。當西方考古學家在莫高窟中發現道家與佛家的尊神在同一個洞窟裡和諧共處的場面時，那種發自內心的吃驚簡直難以形容。

道、佛之間的觀點並不相吻合，可不同的信眾卻依然允許他們和諧共生。源自大國的寬容在給予不同思想流派、不同宗教更多生存空間的同時，也給信眾們更多和平的可能，而這正是中國文化博大精深的根源所在。

6000公里明長城

　　人們常說，羅馬不是一天構築成的，同樣，綿延萬里的長城也不是一朝一夕建成的。作為世界歷史上修建時間最長，開工時間最早的古代軍事防禦系統，6000公里的長城從西周開始一直修到清朝中期，建造時間竟然跨越兩千年。

　　先秦時代，長城不是一個統一的概念。各國混戰期間，為了彼此的利益，築起城牆阻隔敵軍是一勞永逸的方法。北方的游牧民族無法跨過城牆直接攻擊，其他方向的諸侯國也因為城牆的阻隔有所收斂。

　　當褒姒在烽火台上戲弄了諸侯們一把，西周的動盪從此一發而不可收。戰亂不斷的春秋戰國時期，諸侯國之間的長城無法阻止統一的腳步，秦始皇橫掃六合後，長城的功用才蛻化成抵禦游牧民族鐵騎的屏障。

　　作為與阿房宮、秦始皇陵並稱為秦王朝三大工程的長城，其耗費的人力物力幾乎達到令人吃驚的程度。孟姜女哭倒長城的傳說自然是杜撰的成分居多，但秦始皇發動全國勞動力的二十分之一全面修築長城的做法卻真實存在。近百萬的勞工夜以繼日地在長城防線上勞作，堆疊的磚塊累積的是民眾的憤怒，也是防禦的意向。

　　秦國位於東方六國的西邊，對這個國家來說，游牧民族並不可怕，畢竟長期的交戰經驗使得秦國的作戰經驗較其他國家更為豐富。統一六國後，秦國的疆域獲得極大的擴充，四周虎視眈眈的游牧族群也因此成倍增長。此時，剛從大規模戰爭中脫身的秦國還保有不錯的戰鬥力，但和浴血

奮戰相比，秦始皇更看重的是皇權的統一和個人欲望的實現。

「卻匈奴七百餘里，胡人不敢南下而牧馬，士不敢彎弓而抱怨」。《過秦論》裡賈誼一針見血地提出秦皇暴政的弊端，卻也客觀地評價了長城的功用。能防則不戰，可守則不攻，從這個角度上說，秦長城的出現為秦國的建設節省了更多的兵力，它在為國家鞏固邊防的同時，更為中原農業生產和大規模建設創造了穩定的環境。

按照建築材料和建造方式的不同進行分類，現今保存下來的長城大致可以分為版築夯土牆、土坯壘砌牆、青磚砌牆、石砌牆、磚石混合砌築、條石、泥土連接磚等七種類型。這些截然不同的修建方式和修建材料固然與各地的地理、氣候有關，但造成這些差別的根本原因還在於長城修建的朝代不同。

秦始皇之後，修建長城幾乎成為每一個朝代的必修課。儘管雄踞中原的歷代王朝都擁有不容小覷的實力，但是尚武的外族鐵騎依然給邊境安全帶來威脅。為了宣示主權，也為了邊境百姓的安定，漢、晉、北魏、東魏、西魏、北齊、北周、隋、唐、宋、遼、金、元、明、清等十多個朝代的君主與臣民都曾經以不同規模修築過長城。這其中，秦、漢、明三個朝代修築的長城就超過了1萬里，明長城的總長更是達到8851.8公里。

和其他朝代相比，明長城修建的目的沒有多少的特別之處。那時，明朝深受漠北草原的蒙古韃靼、瓦剌諸部和女真族騷擾的困擾，為了抗擊游牧民族的進攻，明朝皇帝延續先輩們的思維，透過修築長城這個軍事防禦工程來增加國內安穩的籌碼。

為了和秦始皇修築的萬里長城做區分，明朝將自己的防禦工程命名為「邊牆」。「邊牆」又可分為「外邊」長城、「內邊」長城和「內三關」

長城三大部分。其中，「內三關」長城的建築基礎是春秋戰國時期的舊長城。這部分防禦工程與「內邊」長城的大部分線路呈並行狀，自內蒙古、山西交界處的偏關以西開始，向東經過雁門關和平型關後進入河北，最後在居庸關向東延伸至懷柔的四海關，並且在此地與「外邊」長城相接。三部分相互融合，互為補充，巧妙地為大明王朝鋪下了多重防禦的屏障。

為了鞏固北方的邊防，朱氏皇族統治期間，皇帝們幾乎沒有停止對長城的修繕和鞏固。開國之初，朱元璋及其屬下以武力將大明王朝的邊界擴展到大興安嶺以西後，長城的修建就同期進行起來了。

後來，明成祖朱棣即位，瓦剌和韃靼在明朝軍隊的猛烈打擊下接受了明王朝的冊封，明朝的邊境線也因此從大興安嶺推廣至陰山、賀蘭山以西、以北。為了鞏固戰爭成果，明成祖下令在此地增建了煙墩、烽堠、戍堡、壕塹等防禦堡壘，並且將局部地段的土垣修建為石牆，將原本離散的防禦點連接成線。明朝中期長城的大規模修繕也沿用了這種「以點帶面」的方式，長城的規模也獲得擴展。

1449年，明英宗朱祁鎮北征瓦剌慘敗，「土木堡之變」發生後，明朝的實力開始由盛轉衰，在瓦剌、韃靼的肆意擄掠下，明王朝也不得不將暫停的長城防禦工程重新提起。整個明朝中後期，長城修築工程的重點都在增建墩堡、修建重鎮上。

現今我們能看到的橫亙於山海關至嘉峪關之間、以磚石為基礎的長城就是這個時候修繕完成的。

如今，長城不再是戰爭的必需品，但它雄偉的氣勢和博大精深的文化內涵卻依然吸引著世界的目光。風雨滄桑數百年，那些站立在山巒上的高台依然高聳挺立，堅韌不倒。

2.7萬人的船隊

世界航海史上發現新大陸的哥倫布向來是值得推崇的英雄，當他帶領著船隻和隊伍跨過大洋尋找到新的土地時，人們欽佩他的勇氣和擔當感，而哥倫布的大名也隨著船隻的四處遊歷而散播到各方。在哥倫布出海的五百年前，一個中國人也同樣完成航海的壯舉，這個人正是中國歷史上有名的三寶太監鄭和。

西元1405年，鄭和帶領著兩百艘船隻和27800人從劉家港出發，開始了屬於他的，也屬於中國人的第一次遠洋。人們為這樣一支空前的船隊感到驚訝，卻無論如何也想不到，此後的28年裡，鄭和和他的船隊更是以同樣的規模進行7次遠洋航行。

關於鄭和為何下西洋，歷史學家與民間傳說有諸多不同的說法。有人說，明成祖時鄭和以國家的名義進行海上外交，其目的是為了安撫海外勢力，贏得北方戰場的勝利；有人說，鄭和奉天子之命四處遊歷，實際是為了尋找下落不明的朱允文，以此控制自己的政權不被顛覆。

前一種說法雖然客觀分析了明成祖統治下的明朝所處的外交環境，但是因為此時的海外勢力還未發展到殖民擴張階段，威脅無從談起，「安撫」的說法自然也不能成立。與之相比，後一個說法則明顯有了杜撰的成分。雖然朱棣的登基對原本的繼承人朱允文造成傷害，但新局面已經形成，明成祖日趨於好的統治下，百姓和臣工也不再掀起反抗，所以尋找朱允文的說法很難成立。

由此可見，鄭和下西洋其實沒有太多隱蔽的理由，相反地，它的發生僅僅是因為明朝的興盛和由此產生的帝王自豪感。嚴格意義上說，明朝不是一個重視外交的時代，無論是與朝鮮的和談還是大侖山慘案，這些帶有妥協成分的歷史事件說明從洪武時代開始，明朝皇帝就對海商在態度上有所保留。

在朱棣的眼中，西洋各國都是「洋蠻」，他們路途遙遠，文明程度也無法與中原匹敵，所以只要有龐大的百艘巨舶及數萬兵士威武地前往「巡視」，他們自然會因為大明王朝的強大國力而感到畏懼，自己享受四方朝賀的理想也就不是空想了。

和前面臆想的兩個理由相比，朱棣在「揚威躍武」的初衷下促成鄭和下西洋的宏偉航程是目前歷史學家最為接受的。據統計，鄭和七次遠航的耗費高達600萬兩白銀，相當於明朝國庫積蓄兩倍的支出，倘若沒有皇帝的鼎力支持，這樣的行動怎麼可能從想像轉為現實。

當然，除了皇帝的支持，更重要的物質支撐還有明朝強盛的國力、成熟的造船技術，以及高超的指南針應用水準。西方資本主義萌芽的發展促使歐洲人有了探索遠方的想法，工業的發展更為這個夢想提供堅固的遠洋輪船。中國雖然沒有經歷資本主義時期，但也沒有給大規模遠洋航行造成障礙。

根據《明史》記載，鄭和遠航時使用的船隻被民眾稱為「寶船」。這些身長四十四丈四尺，寬十八丈，連錨都重達千斤的「巨無霸」可謂當時世界上最大的海船。「寶船」上下四層的結構，甲板及船艙可容納上千人，開船起航時需要動用兩百人才可以成功運轉。這個看似單一的海上航船，其製造過程更是涉及礦冶、紡織、陶瓷、火炮、羅盤等各個方面，出

航時的人才更匯聚了海員、船工、士兵、翻譯官等多個工種。

從這個層面上說，鄭和出海時攜帶的不單單是陶瓷、茶葉、絲綢等中國特產，更是鼎盛的中國文化、科技和優秀的中國人才。當他們的船在西太平洋和印度洋上穿行，當他們成為爪哇、蘇門答臘、蘇祿、彭亨、真臘、古里、暹羅、榜葛刺、阿丹、天方、左法爾、忽魯謨斯、木骨都束等三十多個國家的座上賓時，宏大的海外貿易由此拉開序幕，而一個強大的東方大國形象以近乎烙印的方式刻在了海上絲綢之路各國人民的腦海中。

海上行程的各個國家對明朝出品的陶瓷、絲綢等都十分熱愛，而大國使臣鄭和又用這樣的貨物換來了中國境內稀缺的香料、寶石、珍奇異獸等。貿易過程中，鄭和也十分尊重他國的傳統習俗與生活習慣，更是以和平的方式將自己的文化信仰帶到各地。

多年以後，當人們對殖民源頭的哥倫布褒貶不一時，鄭和卻巧妙地躲過了後人的譴責。的確，和殖民者尋找財富的初衷相比，鄭和的遠航沒有多少殖民的味道。作為「大航海時代」的先驅，在鄭和眼中海上貿易的平等遠比強盛王國無休止的霸道重要得多。

19世紀末，美國海軍學院院長馬漢提出著名的海權論，然而在這項理論提出的五百年前，鄭和就以自己實際行動證明沿海國家對海洋領域的佔有權同樣值得尊重。雖然，鄭和並未像哥倫布發現新大陸一樣成為世界歷史的新起點，但是他和船員們的壯舉依然值得載入史冊，因為沒有人會抗拒和平，也沒有人會對善者充滿排斥。

從這個角度上說，鄭和下西洋的航行其實更是一場傳播和平理念的精彩行程。

651位使者

對於唐朝的長安來說，為這個城市貢獻智慧和才華的不單單是生長於此的大唐百姓，更有來自鄰邦各國的使者。

這其中，最出名的就是來自日本的600名遣唐使。他們分成19次深入中國腹地，在長達260年的時光裡，他們出色地完成將中國先進文化帶到日本本土的使命，並因此改變日本落後的局面。

關於日本派送使者的歷史最早可以追溯到中國的南朝時期。西元4世紀，大和王朝完成對日本諸島的統一，統一的日本王朝因為南朝的繁榮和富庶而向其納貢，並且以此獲得南朝的冊封，成為南朝庇護下的和諧鄰邦。

西元589年，隋朝統一中國，魏晉南北朝長期的混亂局面得到終結。和南北朝艱難生存於戰爭夾縫中的文化遞進相比，隋朝的經濟發展和文化繁榮速度有了明顯的加快。隋煬帝荒淫無道，最終被李淵的義師討伐，李氏王朝的勵精圖治和良好的統一局面讓文化昌盛和經濟繁榮出現近乎「井噴」的局面。

基於先前的朝貢習慣，日本國銳意改革的聖德太子在感受到中國先進文化的巨大魅力後，以國家財力為支撐，先後四次資助遣唐使前往長安，並且要求他們將中國文化全盤吸收後帶回國內。遣唐使雖然依舊是使者的身分，但是他們的重點更在於學習。從這個角度上說，他們和當時真正以留學生名義進入中國的學者不無差別。

這些千里迢迢到中國來的遣唐使學習什麼？這些人從中國帶回去的知識，又讓整個日本發生怎樣的變化？

從政治制度上看，日本遣唐使對中國最大的學習就是國家機構的設立和官員角色的配置。那時，唐朝的帝王延續隋朝的三省六部制，並透過科舉制在全國境內進行人才的選拔和官員的任免。日本國的遣唐使在認識到這個分工完善的制度給大唐帝國的運轉帶來的好處後，便以同樣的方式在國內設置了相關的省、部機構。雖然叫法上有所不同，但其「分而治之、各司其事」的思維和分工協作的組織方式卻與唐朝大同小異。

有了相同的政治架構，王國和都城的建設也是遣唐使重要的學習內容，長安城這座舉世聞名的城市也給當時的日本王都提供不錯的靈感。整個長安，除了大明宮在四方格之外，其他的機構與市井街坊都齊齊整整地分布在不同的街道劃分的「方格」裡。儘管百姓的居住環境和官員的辦公場所混雜在一起，但寬敞的街道和明確的地域區分卻讓這座城市在包羅萬象之餘，不曾出現重疊或混亂的場面。基於這一點，日本平安時代建造的平安京就很好地延續這個傳統。整座城市同樣以四方格為主要建築結構，城內的分工一樣延續著「各司其職」的良好局面，作坊、官府互不干涉，百姓之間的生活也有條不紊，井然有序。

有了政治架構和都城建設的硬體保障，遣唐使在中國學到的先進文化更是給當時的日本帶去了科技文化之光。據考證，在日本國內傳承千年的圍棋、相撲和馬球等體育都是從大唐漂洋過海地傳過去的。日本學者熱衷的書法、繪畫、雕塑、音樂、舞蹈，也是在中國文化的基礎上進行的本土化與二次創作。儘管書寫的文字不同，繪畫、雕刻出的神話人物有所差異，但是從技術和本質上說，這些內容都是與西方文化有本質差異的東方

文明，它們彼此之間的關係既是一脈相承的延續關係，又有當地人重新創作的新理念和新想法。

　　第十九次派遣使者前往中國後，來自漁陽的戰禍席捲了盛極一時的大唐帝國。唐明皇在經歷的開元盛世的繁榮後，又在天寶年間的戰亂裡飽嘗苦難和辛酸。戰爭持續的時間不算長，在四方兵力的配合下，叛軍很快被鎮壓了，但是帝國內部的衝突對王朝的打擊總是最大的。唐帝國的輝煌一去不復返，儘管它依然在封建王朝的世界裡扮演著佼佼者的角色，但盛況不再，國運也大不如前了。

　　西元895年，日本王朝經過多方討論，終於決定不再派送遣唐使到中國了。長達兩百多年的遣唐使事務就此終結，遣唐使這個角色也變成歷史。儘管如此，遣唐使曾經的歷史地位和作用還是不能被遺忘的。

　　翻開史冊，登記在歷史卷軸上的留學生僅僅只有20多人，但來到中國的遣唐使卻成百上千。連續19次的遣唐歷程中，人數最多的一次是651人。浩浩蕩蕩的入唐隊伍給長安帶來嶄新的面貌和國際都市的繁華，遣唐使們在長安這座不夜城裡找到自己感興趣的事物，找到相互尊重的友善，更找到屬於自己國家的未來。

300艘軍艦

在很多人的印象裡，被殖民者無情掠奪的中國土地，除了香港，就是澳門。然而，清政府喪權辱國之前，中國曾經有一個地方也被荷蘭殖民者侵略並佔領，這個地方就是與大陸僅一水之隔的台灣，而將他重新收回國人手中的是深受後人愛戴的著名民族英雄——鄭成功。

17世紀，西方的資本主義萌芽得到極大的發展，近在海邊的荷蘭、葡萄牙和西班牙等西歐國家也因為本國資本的累積而出現資本輸出和殖民的需求。哥倫布發現新大陸後，荷蘭的殖民者開始用船隻開始了自己的殖民過程，長久以來對西方人來說充滿誘惑的東方古國自然也成為他們覬覦的對象。

1624年，荷蘭殖民主義者蠻橫地侵佔了台灣，並且將它列為荷蘭的殖民地。此時，大陸正在改朝換代的戰火中混亂不堪，清軍和明軍的交戰讓荷蘭殖民者有了侵佔台灣的可能，但「趁火打劫」的勝利並不意味著永久的佔有。

西元1661年，鄭成功決定驅趕荷蘭殖民者。他親率2.5萬名兵將，以300艘戰船的兵力徑直向金門進發。越過台灣海峽後，鄭成功的軍隊只在澎湖稍作調整，便片刻不停地直取台灣。

荷蘭侵略軍以為中國軍隊已經放棄台灣，所以在鄭成功前來攻打台灣之前，荷蘭軍的重點並不在防禦，而在進攻。因為按照荷蘭侵略者的計畫，佔領台灣後，這裡將成為他們繼續擴張的據點，下一個目的地正是一

水之隔的澳門。

一番準備後，荷蘭軍隊打算向南而去，鄭成功的突然進攻，顯然打得他們措手不及。沒有精密的準備，荷蘭殖民者倉促地將軍隊集中在台灣和赤崁的兩座城堡上，希望透過集中火力的方式阻止鄭成功在台灣登岸。

然而，鄭軍不是無能的鼠輩。一番討論後，鄭成功與將士們決定利用海水漲潮之際將船隊駛入鹿耳門內海。成功到達後，他們又悄無聲息地在禾寮港登陸，並從側面進攻赤崁城，斬斷台灣城與赤崁城之間的聯繫，分別殲滅。赤崁城中的荷蘭軍沒有水源，無奈之下只好向鄭軍投降。鄭軍收復赤崁城後，又集中全力圍攻台灣城長達8個月，荷蘭軍隊同樣因為斷水斷糧而饑寒交加。

1662年農曆一月二十五日，鄭成功下令炮轟台灣城中荷蘭軍所在的城堡。鄭軍發射多枚炸彈，在城堡南部打開缺口後，便立刻登陸搶佔先機。台灣城此時已經被包圍了8個多月，荷蘭軍隊死傷眾多，戰鬥力也被嚴重削弱。面對鄭軍的進攻，荷蘭軍隊無力抵抗，只好舉白旗投降。

1662年二月，荷蘭駐台灣長官揆一正式簽字投降，荷軍交出武器、物資後，將剩餘的900名荷蘭軍民送回船上，啟程回國。鄭成功和他的軍隊目送荷蘭侵略者離開。在荷蘭侵略者手中淪陷了38年台灣終於回到中國人自己的手裡。

戰爭結束後，荷蘭東印度公司結束對台灣的經營，明鄭政權對台灣的統治開始，共歷三世，直到鄭經被康熙所滅，台灣才有了巡撫的管理，真正成為政府統一管理下的行省。

第7章

巧——七巧玲瓏盡繽紛

497個銘文

　　承載古人智慧和審美高度的藝術品，經常可以幫助人們回想起歷史長河深處關於國家和民族的意志。鑴刻在文物上的文字，則是幫助人們最直觀地理解古人精神的事物。出土於陝西岐山的毛公鼎及刻在它側壁的497個文字就是其中的精品。

　　作為晚清四大國寶，毛公鼎在所有青銅器中不是最大也不是最重的，但就是這樣一個僅有54公分高的圓鼎對西周後期政治歷史的研究有極為重要的作用。

　　從書法造詣上來說，毛公鼎上的文字蒼勁修長，看上去十分具有朝氣和活力。這些文字的內容表現出來的精神面貌也剛好和這一點相吻合。

　　「父歆，丕顯文武，皇天引厭厥德，配我有周，膺受大命，率懷不廷方亡不覲於文武耿光。」文章的開篇，毛公直入主題，認真而虔誠地向周宣王描述自己對周文王與周武王立國的欽佩，也抒發了迎接周邊各國朝貢的驕傲與自豪。作為中國文人最擅長的「抒情先寫景，評今先講史」的表達方式，它特別符合中國文人「含蓄」的口味，所以毛公開門見山的風格在文言世界裡算得上獨特。

　　按照毛公的說法，周朝立國與殷商覆滅都是符合天道民心的，而當「上天」將賦予殷商的權力賦予周王朝的同時，也開始了新一輪的監督與守護。客觀來說，毛公引用上天的旨意說服君王多少有些愚昧的味道，但是在君臣之道有嚴格界限的西周末年，敢於動用神旨表達對王朝的期盼也

是一種勇氣。

奴隸制時代的周王朝繼承前朝「家天下」的政治風格，和之後以「郡縣」等行政機構為基礎的封建制度相比，西周統治者利用血緣關係的親疏來維護政治關係的分封制給了參政者更多的話語權。鼎上銘文的主人毛公作為周宣王的叔父雖然沒有掌握國家重權，但姬姓家族同樣是長幼有別，「長輩」給身為後輩的天子做教導即是一種威望，也是一種權利。

「余唯肇經先王命……」，作為先王囑託的老臣，毛公坦然地用「命」的字眼向周宣王提出要求，希望他管理國家內外大小政事，協調上下各級關係，在捍衛王位不動搖的同時謹慎，肆意發號施令可能給國家帶來的滅亡。

通讀鼎上泛著金屬光澤的文字，毛公當年諫言周宣王的場面不經意間映入眼簾。誠懇的口氣與漸進的表述，展現毛公對君王的誠懇與尊敬。他要求大臣與君王不要懶惰、懈怠，這種耿直展現毛公對國家的忠誠。在經歷殘暴的商朝後，周王朝的諸侯制度比較柔和。毛公的期望是殷切的，它希望周朝天子能夠秉承前輩傳承下來的勇敢和智慧延續這個王朝的偉大。

後來，周宣王在毛公的勸解下重新找回了姬姓王朝的榮耀和使命，但是周宣王之子周幽王及其愛妃褒姒的那場戲弄卻讓這個國家從此陷入覆滅的境地。

褒姒有多美？遠古的畫像已經不在，但是從《東周列國志》中「目秀眉清，唇紅齒白，髮挽烏雲，指排削玉，有如花如月之容，傾國傾城之貌」的描述裡我們依然能夠感受到她的美。

無心朝政的周幽王開始不早朝了，原配申后所生的宜臼太子之位也被廢了，無端的烽火燃起，換來的只是褒姒的撫掌大笑和虢石父的千金賞

銀。

顏面掃地之餘，諸侯們對周幽王的態度從憧憬變成憤怒，討伐天子的想法在憤憤不平中逐漸變成現實。周幽王被迫藏入驪山，拋棄了王室尊嚴的求饒換來的依然是死亡。

史書發出感歎，世人為之唏噓，搖頭輕歎之餘，終究難消作繭自縛的感慨。值得一提的是，儘管「烽火戲諸侯，一笑失天下」的故事家喻戶曉，但近幾年清華大學有關專家學者卻提出，在清理戰國竹簡時並未發現這個故事的相關記載。歷史本來就是塵封的記憶，儘管有時會有失真的可能，但是從中總結出來的經驗教訓卻難能可貴。

司馬遷《周本紀》中「數欺諸侯」的說法或許是對的，學者們最新提出的「幽王先行發兵申侯」的觀點也有正確的依據，不管事實如何，周幽王統治上的昏庸和已然激化的社會衝突確實是他被斬殺於驪山之下的理由。即使諸侯沒有被戲弄，即使申侯真的是被逼起兵，這些事件終究只能是誘發歷史走向相同結局的導火索。

戰亂後，曾經的太子周平王繼位。巍巍宮牆，尋常巷陌，剛在戰爭的驚恐中脫離出來的鎬京百姓在廢墟上迎來又一輪的平靜，但已經落魄的周王朝卻不再像從前一樣有底氣。曾經的繁榮隨著周朝天子威望的凋零而磨滅，諸侯的崛起和頻頻「問鼎」的舉動最終瓦解了周王朝統一的局面。持續百年的混戰就此拉開帷幕，「普天之下，莫非王土」的箴言從此一去不復返。

49克素紗

1972年，長沙馬王堆漢墓在不經意間被發現，墓中保存完好的女屍及許多陪葬物品在出土的時候讓世人驚歎。

和歷代皇帝的陵墓相比，馬王堆漢墓並不算宏大，墓主人辛追的身分也達不到尊貴的程度，但就是這樣「看似平常」的墓主人臨死時的陪葬品卻讓所有人眼前一亮。那些工藝高超的陶器、竹簡、樂器帶給人們非凡的遐想，而那件製作精良卻又薄如羽翼的素紗衣，更是將人們帶到了當年的繅絲現場，揭開了多年來關於素紗的疑問。

素紗為絲綢製品中單經單緯絲交織而成的方孔平紋織物，其優劣的標準在於它的輕薄性和通透性。關於素紗的形狀，古代文豪曾經不止一次的潑墨描繪。唐代大詩人白居易就曾在《繚綾》中以「應似天台山上明月前，四十五尺瀑布泉，中有文章又奇絕，地鋪白煙花簇霜」這四句詩將素紗的縹緲輕盈刻畫得淋漓盡致。多年來，人們因為材料有限，所以只能透過想像在腦海中描繪素紗的形狀，直到馬王堆出土了這件49克的素紗單衣，人們才真正明白了白居易詩歌中的含義。

這件長眠於馬王堆一號漢墓兩千年的單衣，全長128公分，可分為上衣和下裳兩大部分。衣裳的交領、右衽、直裾等部分為幾何紋絨圓綢，整身的面料則為素紗。仔細端詳，輕薄得如水霧一般的素紗絲縷極細，衣裳總重量僅為49克，其精巧的製作工藝顯示了漢代高超的絲織水準，難怪它會被考古學家和歷史學家冠上「世界上最輕素紗衣」和「世界上最早印花

織物」兩大名號。

　　儘管這套素紗禪衣出土時的顏色已經有些泛黃，但其輕薄程度卻依舊保持著當年「吹彈可破」的程度，其透空度更是達到75％。這樣的製作工藝表現了當時能工巧匠繰絲手法的嫻熟，也表現了當時素紗原料細緻的纖度和蠶絲品質的良好。

　　在西方人的眼中，絲綢幾乎可以作為中國的名片存在。作為世界上最早進行桑蠶養殖和絲綢製作的國家，中國絲織品的歷史可以追溯到新石器時期中期。

　　根據《管子》中的記載，夏桀時「薄之游女工文繡」就出現了，時間推移到商朝，絲織品製作工藝有了很大的發展，許多占卜的辭令中都提到了桑、蠶、絲、帛的字眼，殷商出土的銅器上也經常帶有絲織物的細紋遺痕。

　　武王伐紂後，中原地區的經濟發展更加輝煌。儘管諸侯國紛爭不休，但百家爭鳴裡，中國迎來空前的哲學盛況，作為手工業龍頭的絲織製造業也因為先秦人民的智慧有了新的發展。那時，幾乎中原的所有區域都可以進行絲織品的製作，絲織品的顏色和花樣也有了極大的豐富。

　　翻閱史冊，鄭、衛、齊、魯、秦、楚、越等國的記錄中，坊間和宮廷使用的絲織品都是十分精細的。記錄百姓生活常態的《詩經》屢屢出現「錦」的字樣，《韓非子》中更是記載吳起因為妻子所織絲織品的寬度不能滿足國家規定而休妻的「荒唐」故事。聽起來，吳起的決定很難被理解，但仔細揣摩上下文就可以知道，當時絲織品已經成為日常，不合格的絲織品更是被排斥在市場之外，不得銷售。

　　整個春秋戰國時代，絲綢的生產和製作工藝都在不斷發展，大規模的

絲織品製作、分發中心也開始形成。那時，齊魯、陳留、襄邑等都是北方重要的絲織中心，而南方則以楚、越等國的絲織為盛，除了常規的綺、羅外，輕薄的紗、縠等織物也開始步入歷史舞台。

到了漢唐，工藝水準的繼續提升使得絲織品的品種更繁多。紗、綢、錦等不同紋路、不同織法的絲織品逐漸增多，原本只是穿著用品的絲綢開始成為享樂的奢侈品，人們對絲織品的欣賞、品評的角度也逐漸從冬暖夏涼，變成視覺上的享受和手感上的舒適，絲織品製作也因為品味上的追求而進入了一個嶄新的時代。

開元盛世裡，絲綢產業成為國家重要的稅收來源。天寶年間，全國的稅收單稅絹一項就達到740萬匹，上交的生絲重量更是達到1100萬兩，長安街頭稍微富裕的家庭也都用上了絲織品。這個現象在富庶的宋朝更加普遍，普通家庭的老百姓可以擁有一兩件絲制的衣裳作為日常穿著，達官貴人家中的綾羅綢緞則更多。

明清全盛時期，絲與棉、麻、毛等作物一起成為人們日常穿著的四大原材料，但絲綢出口貿易霸主的地位依然不曾被撼動。到清末，腐朽的清政府簽訂大量喪權辱國的條約後，絲綢依舊是中國貿易順差最重要的來源。直到後來日本、法國等殖民國家的絲織行業有所發展，中國純粹靠手工完成的絲織品在世界市場上的佔有率才有所減少，但品質優越、紋路細膩的中國絲綢依然以良好的品質保持著世界絲綢行業「龍頭老大」的地位。

和平年代裡，絲綢製作工業化程度的提升給這個古老工藝注入了新的生命活力。靠絲綢平衡國際收支的日子不再，傾軋在絲綢上的貧富差距和殖民與被殖民的殘酷剝削也漸行漸遠。現代的絲綢，文化傳承的含義日漸

濃厚。當絲綢之路被再度提起，這個陪伴著中國人民和全世界超越千年的精靈，將會成為和平的代名詞，重新承擔起溝通東西方世界文明的重大歷史使命。

光學八條

在諸子百家中，墨家註定是特別的。他們以不同的眼光看待這個世界，更擁有共同享受財富的龐大組織機構。他們和戰國時的其他哲學流派在哲學思想上互相獨立，在文化和科學又創造了屬於他們自己的輝煌。

東周列國，戰亂不斷。茫茫人海中，哲學家們用自己的思維思考著自己看到的世界，並透過梳理將自己總結出來的哲學貢獻給君王和世間百姓。正如儒家告訴天下人要有「仁義」之心，道家告訴別人要學會「清靜無為」一樣，墨家告訴戰國百姓的是「兼愛」和「非攻」。

從字面上來理解，墨家的思想和儒家愛民如子的主張極為相似，但它們之間關於「愛」的界限卻是不同的。在孔子看來，社會是以家庭為核心的，所以對於周圍人的仁愛也是建立在親情的基礎上的。所謂「老吾老以及人之老，幼吾幼以及人之幼」，孔子將親情放在的首要位置，並且以此為核心擴展出仁愛的範圍。相比之下，墨子的「愛」的範圍就大了許多。

按照墨子的思想，愛是不分等級，也是不分高低的。一個人在世間，除了愛自己的親人，更要愛周圍一切能接觸到的人，即使是路邊乞討的人，也應該引起關愛者的注意。唯有如此，世界才會在和善中發展，社會才可以建立起和諧共處的大愛之道。

在「兼愛」的基礎上，墨家又提出「非攻」的觀點。在墨家學說中，戰爭不是好東西，戰敗了給人民帶來的傷害是必然的，戰勝了也同樣會讓參與戰爭的國家勞民傷財。所以，在墨子的眼中，戰爭就是一件無意義的

事情。君王與其花費精力在作戰部署和籌運糧草上，不如號召全民息戰，以和平的方式完成朝代的更迭和國家的發展。

由此可見，墨子提出的「愛」是大愛，儘管這個思想未能成為戰國時期君王們的選擇，但是從思想哲學的角度看，墨子對社會的觀察和對社會的態度是超前的。這種超前的意識在墨家除了表現為對「愛」的理解上，更表現在墨家高超的數理邏輯學術水準和在物理、數學等領域的超凡才能上。

在墨家學者的派系中，從事辯論職業的人稱為「墨辯」，從事俠客行當的稱為「墨俠」。除了這兩個有趣的職業，墨家學者中還有另一個分支專門從事認識論、邏輯學、幾何學、幾何光學及靜力學等學科的研究。雖然這樣的研究工作在當時屬於「冷門」行當，但是他們卻創造了無人能及的先進科學理論。

他們很少成為將相，也不能因為自己的研究成果成為富商，但這些執著於科學的墨家學者卻用自己的實踐給尚且蒙昧的世界一個嶄新的數理解釋，並且將它們總結為規律和公式，成為後代人可以傳承下來的描述和定義。

在眾多研究成果中，墨家最出名的定律是光學八條。墨子詳細記載了小孔成像的現象並初步探明光線沿直線傳播的規律。除此之外，光學八條還對平面鏡、凹面鏡、凸面鏡成像的規律進行觀察與研究，並且將他們的成像原理記載成文字傳於後世。

物理知識相對普及的今天，《墨經》中的這些結論看起來似乎並不偉大，但只要設身處地將如此的科學視角放在千百年前神鬼當道的時代中，墨子思維的高超和勇於衝破思想牢籠的氣魄卻令人佩服。

除了在光學上有研究，墨子的《墨經》裡還有力的平衡等物理現象及理論的記載，墨子甚至用「久」、「宇」二字提出樸素的時間和空間的概念。這些物理學上的研究和思考及其轉換而成的思維哲學與大約同一時代的西歐先哲們很相似，儘管在精細程度上《墨經》更為粗獷些，但是在長期不重視數理邏輯的古代社會裡，卻簡直如同奇蹟。

　　關於墨家的治國理念和哲學思維，一心想要稱霸的君王們向來都以它不實用而將它放在一邊。到戰國末年，墨家學說已經到了沒落的階段，到後來，古人的記載中已經沒有墨家學者的身影了。誠然，秦始皇的「焚書坑儒」和漢武帝的「罷黜百家，獨尊儒術」是墨家消失的重要原因之一，但中國人長期以來「重文輕理」的思維習慣卻是墨家退出歷史舞台最重要的原因，即使沒有上述的歷史事件，墨家學者和他們承襲的墨家學說也會在人們的漠視中悄然消逝。

　　當年，墨家的科研成果達到出色的水準，但中國的帝王和學者們卻忙著搶奪政權與土地，這種旨在研究宏觀世界物理規律的理論自然會被當作無用之物而被丟棄。墨家有嚴格的組織機構，其成員也遍布各國，即使如此，墨家學說沒有帝王的支持，其結局依舊是衰敗和沒落。

　　翻閱《墨經》，歷史學家為墨子超前的思維模式所折服。有歷史學家曾經提出這樣一個疑問，如果當年被尊崇為中華大地正統思想的是墨家思想，中國會是怎麼樣？自然科學領域的諾貝爾獎頒獎典禮或許會成為中國人的專場，如今的晶片技術和電腦的研製也可能是中國人的專利。

14件秘色瓷

所謂「不破不立」，世間萬物，有時其中一種事物的「破」是另一種事物的「立」。對於長期困擾後人的「秘色瓷」來說，它重見天日的時間正是1987年陝西扶風法門寺寶塔的倒塌。

那一天，陰雨連綿，屹立千年的法門寺寶塔終於支撐不住歷史的滄桑，轟然一聲，寶塔倒塌在地。僧人們被巨大的響聲驚醒，匆忙趕到時，原本屹立的寶塔已經變成滿地的碎石和磚瓦，而地宮的大門也正是這時被發現的。

從面積上來說，法門寺地宮並不算大，但就是這樣一個在幽暗燈光下閃著神秘色彩的地宮卻給後人帶來眾多的驚喜和意外。除去常規的金銀器具，法門寺出土的文物竟將人們關於歷史的眾多討論一一坐實。全套茶具的出土證實了日本茶道源自中國；佛骨舍利的發現驗證了當年唐王迎佛骨的歷史事件也證明佛陀的舍利子並非傳說；那14件瓷器皿的出現更是終結中國瓷器史上關於「秘色瓷」是否存在的爭論。

在地宮倒塌前，「秘色瓷」的模樣僅僅存在於人們根據唐詩宋詞得到的想像中。當人們小心地將這幾件稀世珍寶從地宮裡抬出來時，秘色瓷的神秘面紗終於被揭開。看著這些顏色略微泛黃或是略微泛青的瓷器，瓷器專家和考古人員心中「九秋風露越窯開，奪得千峰翠色來」的想像到了印證。只是，與青瓷極為相似的外表在展示出「玲瓏如冰，剔透如玉」的特點後，更讓人們疑惑叢生：傳說中「秘而不宣」的秘色瓷為何與青瓷如

此相似？它是青瓷中的優秀品種還是偶然為之的產物？而它冠以威名的「秘」字又表現在何處？

作為世界上公認的瓷器發源地，中國人在陶瓷上的造詣為世人所驚歎。爐火熊熊的窯洞裡，那些蘊含著自然界各種元素的土坯慢慢呈現出特別的顏色和質地，亮麗的光澤和精緻的顏色在構成另一種質地堅硬的器皿的同時，也給人們帶來嶄新的視覺體驗。

和白瓷、黑瓷相比，青瓷的存在是瓷器世界裡的一道靚麗風景。人們喜愛青瓷的碧綠，對它成品外觀類似水波一樣的紋路情有獨鍾。為了獲得更多的青瓷產品，工匠們對青瓷的製作工藝進行調整和演化。到唐代時，青瓷的製作已經到了較為成熟的地步，關於燒制瓷器時的步驟和材質也有了清晰的記載，因此造出與古人一樣的青瓷在現代技術的支撐下並不算難事。

和普通青瓷一樣，秘色瓷既是越窯中青瓷的一種，其燒制的工藝自然不會有太大的不同。一般而言，秘色瓷的燒制流程大致也可以分為三步：首先，工匠需要對瓷土進行粉碎、淘洗，而後透過腐化、捏練的操作為陶土的「玻璃化」做準備；隨後，工匠們會對釉料進行提純，並且將釉水布施在胎體之上；最後，將瓷胎裝入瓷質匣鉢煅燒，透過控制爐溫對瓷器的顏色進行渲染和提煉。

作為青瓷的一個分類，秘色瓷的製作流程並不特別，它「秘不可宣」的製作特點究竟是什麼？

為了弄清楚這個問題，考古學家想到了用X光對秘色瓷和普通青瓷進行掃描，以此區分兩者在胎體和釉色上的差異。

幽暗的實驗室裡，秘色瓷在放射性光線的掃描下逐漸露出它的真面

目。讓瓷器顯示出絢爛青色的鐵元素在成分表中出現了，其含量和青瓷類似，保持在0.70％左右。只是，除了鐵元素以外，鋯、鈷、鉛、鈾等元素竟也在成分表中。考古學家認定，正是這些特殊的元素讓秘色瓷變得特別。

面對這樣的結果，「秘色瓷是青瓷煅燒中偶然為之的產物」的說法自然不能成立。普通的胎料中微量元素的含量不會太高，而想將它們的成分提升到一定高度，最直接的辦法就是對胎料進行反覆的夯砸和淘洗。忽略了這個過程，胎料中的成分只能按照自然界固有的模式存在，瓷器的色彩也不會出現令人吃驚的變化。換句話說，想要得到不同尋常的、獨屬於秘色瓷的特殊色彩，工匠們只能人為地對瓷器的胎料進行有選擇性的篩洗，如此結果遠非「無心之舉」所能解釋的。

除了胎料，X光的掃描也將秘色瓷的釉色真容公之於眾。和青瓷相比，秘色瓷的釉體更加輕薄，其厚度最小竟可達到幾十個微米的程度。如此精細的程度，即使是今天十分成熟的制瓷工藝也未能達到，更不用說當年燒制普通青瓷的技藝。由此可見，秘色瓷不是普通青瓷中的優秀品種，而是另一種超越青瓷技藝、做工精細的新瓷器。

關於秘色瓷是何時出現的，史學界有兩種不同的聲音。一種觀點是秘色瓷出現於晚唐，並且在五代時達到頂峰；另一種觀點則是五代時才有了秘色瓷一說，因為五代時吳越國王錢鏐命令燒造瓷器專供錢氏宮廷使用，而吳越進貢給後唐、後晉、遼、宋等王朝的宮廷御用瓷器也明確記載著「秘色瓷」的字樣。這個問題，明清兩朝及現代中國的學者們爭論不休，但法門寺地宮裡的秘色瓷卻輕而易舉地解答了這個問題。

唐後期，舉國聞名的越窯在原有青瓷的基礎上開創性地提出「秘色

瓷」的概念。精巧的工匠們在完善青瓷鍛造技術的同時，用勤勞的雙手改變自然物質的組成成分，並用它們創造出「如冰如玉」的神話。

　　如今，秘色瓷的上釉技巧還不能被世人破解，但是這個疑問卻給人們留下了探索的空間和動力，而這種神秘瓷器的存在更是對先人精巧技藝的確鑿證明和別樣讚許。

1892種本草

傳說神農嘗百草，中國人有了傳承千年的本草醫學。在李時珍撰寫《本草綱目》前，中國人對中藥的記載已經有許多版本的書籍資料了，這些資料包括《神農本草經》《名醫別錄》《雷公炮炙論》《唐本草》等。但有意思的是，在它們的基礎之上撰寫出來的、成書較晚的《本草綱目》卻是中藥典籍中的集大成者。

《本草綱目》尚未問世之前，流傳甚廣的中醫典籍在為尋常百姓家提供治病良方的同時，也為中華民族帶來抵抗疾病的智慧。但李時珍卻在此基礎上傳承了上述書籍的精華，並且將散落於民間的藥方收入其中、彙編成冊。中藥本草的數量從數百種擴展至1892種，由它們組成的藥方更是多達萬張以上。

李時珍似乎天生就是為本草而生的，世代行醫的家庭給李時珍帶來的不僅是對草藥和方劑的興趣，更是對懸壺濟世精神的執著。年紀輕輕的李時珍繼承父親李言聞的衣缽後，開始了屬於自己的行醫人生。他牢牢記住先輩們傳下來的古方，並活學活用，救人無數。

據說，有一次李時珍正從一戶病人家中診完病打算回家，路上見到一口新制的棺材正往外淌血。李時珍覺得甚是奇怪，便上前打聽具體情況。死者的親屬悲痛欲絕，說自家娘子須臾前才難產身亡，因此血流不止，無法入土為安。李時珍聽完立刻讓人打開棺槨，以銀針於產婦心窩處紮了一針。片刻後，這個因為難產而假死的婦人竟然喘了一口氣活了過來，腹中

的胎兒也因為李時珍的救治順利生產。

一時之間，李時珍名醫的稱號流傳開來，有人甚至稱他為「華佗再世」，並且將他的故事廣為傳播。百姓的讚賞讓他更具使命感，他更加刻苦地學習本草和方劑，但那些離散在各類典籍中關於本草記載的錯漏和重疊，卻讓他彷徨。

對於一個年輕的醫者來說，出師不久就獲得如此的名聲是令人欣慰的，換作一般人，或許會以這樣的聲望換取一生的閒適。可是，李時珍卻不是這樣的人。那些藥典上的錯漏和矛盾沒有困住他的手腳，相反地，李時珍在這樣的困境中萌生了整合並糾正藥典矛盾的想法。

就這樣，一段長達27年的修編歷程開始了。李時珍首先將手上的基本藥典進行初步整理，對其中出現衝突和錯漏的記載做比對後，再透過更為權威的記載進行論證、修訂。從前的典籍中，天南星和虎掌這兩個本為一味藥材的本草在不同方劑中被當作兩種不同的藥材，而葳蕤與女萎本不屬於同個科目，卻在傳統藥典中被當作一味藥材混用，導致方劑藥效不穩定。經過李時珍的整理，這些明顯的錯漏被一一修正。對典籍中依然無法確定的論述，李時珍則是以親自論證的方式進行求證。

除了對傳統藥材進行辨別和驗證，李時珍還積極收集民間方劑和偏方中的各類藥材，並且將其中經論證後確實有藥效的本草仔細分類後，以綱目的形式彙編入自己的新書中。

李時珍之前，源遠流長的中華醫藥名家輩出。扁鵲、華佗、張仲景這些古代先人用自己的智慧將傳統中藥的數量累計至365種。至唐高宗時，司空李勣和蘇敬又增加114種藥材，宋朝名醫劉翰在此基礎上新加了100味藥材，讓中藥典籍更加厚實。到李時珍時，這個數量有了驚人的飛躍。

除了傳統的內服藥，李時珍加入《本草綱目》中的外用藥和民間藥就多達374種，而由它們延伸出來的附方更達到11096則。許多被現代人熟知的藥材，如三七、大風子、半邊蓮等都在《本草綱目》中首次出現，而中藥品類的增加更為中醫治療範圍的延展提供有益的基礎。

27年裡，李時珍尋遍了中華大地的名山大川，足跡遍布武當、盧山、茅山等地，拜訪的藥劑「師傅」更是涵蓋漁人、樵夫、農民、車夫、捕蛇者等勞動人民。數百本參考書籍的內容在他的腦海中翻騰，他不停地推翻自己關於中藥的排列和編纂的理念，也不斷地調整腦海中各類藥材的順序和位置，以此讓那些被自然界賦予神奇魔力的本草變得更加清晰，更具條理性。

三易其稿的過程是艱辛的，這部凝聚他畢生心血的藥典以全新的編排方式展現在世人面前，人們在清晰地感受到中藥特有而精緻的分門別類時，也對大自然的神奇讚歎不已。在本草綱目的分類中，中藥基本上可以分為水、火、土、金石、草、穀、菜、果、木、服器、蟲、鱗、介、禽、獸、人等16種類型，即16部。這其中，每部又會有不同的分類。例如：草部可以分為山草、芳草、隰草、毒草、蔓草、水草、石草、苔類、雜草等11類，每一類又可根據名稱、炮製方法、氣味、功效、藥理區分為多個「種」。

在外國人的眼中，中華醫藥是一個神奇的所在，那些自然界中不起眼的事物在人為干預後成為治療疾病的良藥。達爾文撰寫巨著時將《本草綱目》稱為「古代中國百科全書」，李時珍因為這部巨著而被歐洲人稱為「藥物學界的王子」。

多年以後，《本草綱目》被旅華的使者帶到朝鮮和日本，甚至連遠

在歐洲的英、法、德、俄等國的醫學工作者也將此書當作藥學界的重要參考。人們把《本草綱目》定義為中國16世紀的醫藥聖典，雖然他記載的治療方式和炮製方法並不能成為全球通用的治療方式，但正如屠呦呦所說，「中國醫藥是一個偉大寶庫」，它帶給世界的不僅是一種與眾不同的醫學體系，更是中國人沉澱千年的、駕馭自然的規律和智慧。

第8章

勇——八面威風真將軍

一將滅五國

春秋戰國時代，名垂千古的將軍不勝枚舉。王翦、白起、李牧、廉頗等四人更是因為出眾的軍事才華和卓越的戰績，被後人並稱為「四大名將」。他們身懷絕技，聰明絕頂，能夠及時看穿敵軍的詭計，更能循循善誘，以智慧和謀略將敵軍打敗。

關於這四位「戰神」，散落民間的傳說與故事有很多，將這其中任何一條鋪展開來，都可以寫成精彩的故事。在後世的眼中，他們每個人的戰鬥經驗都是兵家的精髓，奇怪的是，這四人之中，只有王翦一個人壽終正寢。

對比四大名將的人生結局，李牧的慘死、白起的自刎和廉頗的流亡都比不上王翦平安終老。作為當朝元老，一代名將，王翦在戰場上得罪的人並不在少數，想要了結他性命的人有很多。當年，同樣出身秦國的白起因為消滅趙軍主力而被趙國君主的反間計逼到自殺的境地，可一人滅掉五國的王翦卻沒有重演同樣的悲劇。

如果說李牧和廉頗這兩個非秦國將領的政治環境和王翦有所不同，白起和王翦這兩個秦國將領結局不同的根本原因就在於個人性格了。和白起的精明、決絕相比，王翦的作戰風格與處世態度顯得更為穩健、老練。軍隊統帥出身的王翦自然足智多謀，但是他性格上的謹慎、低調卻給他贏得更好的政治地位。

西元前236年，王翦奉命領兵攻打趙國。他將軍中不滿百石的校尉剔

除，並從原來的軍隊中挑選了兩成精兵強將補充到軍隊中。重新成立的軍隊士氣高漲，加上王翦帶兵有方，短短數日，秦國軍隊就成功地攻取了趙國的九座城池，王翦的名聲也由此散播開去。

隨著年月的增長，王翦逐漸成為建朝元老，但是他依舊保持著原來的做事風格，言辭甚少，也不爭功奪名。朝中大臣對他尊敬有加，連殘暴多疑的秦始皇都尊稱他一聲老師。和白起喜歡挑戰的性格不同，王翦更傾向於做把握之內的事情。他小心翼翼，力求穩妥，事情做成之前很少將個人想法公之於眾。

西元前225年，王翦與兒子王賁成功地攻克了韓、趙、魏三國，燕國也在其打擊下接近滅亡的邊緣。揮師向楚國時，王氏父子與秦始皇在兵力上出現分歧。那時，嬴政因為連續的勝利感到十分自信。他召集群臣，希望在短時間內將楚國滅亡。王翦仔細分析了敵我力量後，強調秦國出兵人數「非六十萬人不可」。可同在殿內的李信卻固執地認為只需要二十萬人即可輕而易舉地拿下楚國。

王翦對李信的輕狂並不贊同，嬴政卻被李信的言論「鼓舞」得更加自信。他欣賞李信的「魄力」，更認為王翦老不堪用，兩相權衡下，嬴政最終同意了李信二十萬兵力南下伐楚的建議。看著嬴政的決策，王翦的內心有些氣憤，但身為「儒將」的他並未像白起一樣同秦王爭執，只坦然接受，稱病辭朝。

嬴政求勝心切，又覺得王翦已然年老，不如年輕的李信有魄力，於是當眾准許了王翦的辭呈，並任命李信為大將軍，可惜，輕敵的李信和秦兵因為冒進中了楚將項燕的伏兵之計，丟盔棄甲之餘，秦軍損傷慘重。

嬴政聽聞此訊，內心氣憤之餘，更為自己曾經的武斷懊惱不已。正在

這時，嬴政忽然想起告老還鄉的王翦，想起他的戰功赫赫，更想起了他當時在朝堂上說的話。嬴政趕忙命人將王翦從家中接到殿上，並當即同意王翦率領六十萬軍隊前往楚國邊境的建議。

見王翦率兵而來，楚軍趕忙發重兵抵抗，王翦卻絲毫沒有決一死戰的意思，只屯兵邊境安心修築城牆。楚國軍隊見王翦如此，原先的警惕心逐漸地放鬆。當雙方僵持時間延長至一年時，楚國人對王翦及六十萬大軍的定性已從原來的「進攻」改為「駐守」。兩軍之間，秋毫無犯，王翦更是在軍中鼓勵將士養精蓄銳，吃飽喝足，直到秦軍人人身強力壯、精力充沛，這位老將才轉變了以逸待勞的策略，改為全線進攻。

楚國軍隊原先的武裝在這一年的時光裡消磨殆盡，鬆懈的軍隊裡將士們毫無鬥志，直到見到秦軍將士如猛虎下山，才發現來不及了。秦軍大獲全勝，取得階段性勝利後，更是乘勝追擊，直擊王都。西元前223年，嬴政在王翦的幫助下，成功消滅了楚國，這也是王翦橫掃五國的最後一站。

當他帶領六十萬大軍從戰場上歸來時，多疑的嬴政絲毫沒有因為他的擁兵自重而對他採取防範措施。為人臣子，王翦的忠誠與坦蕩實屬難得，如此贏得的君王信任也是同個時代將領們少有的殊榮。可惜，儘管王翦智勇雙全、忠誠可嘉，他終究也只能以將軍的身分為後世所敬仰。他安逸的晚年和白起的動盪形成鮮明的對比，但平靜下的安於現狀卻為秦朝的滅亡埋下伏筆，王翦和兒子的沉默也讓他們錯失了「政治家」的稱號。

提到「尺有所短，寸有所長」，人們首先想到的是它比喻人或事各有其長處和短處的含義，而關於這句話的典故卻鮮為人知。《史記·白起王翦列傳》中，司馬遷在對白起和王翦的故事做了詳細而生動的描述後，更對兩個人的命運做了對比分析。

在他看來，白起的聰明才智是公認的，可是他可以算計敵人、名震天下，卻未能對付應侯處心積慮的禍害。王翦，雖然為元老，甚至讓秦始皇服氣地尊稱他為老師，但一朝名將無法輔佐始皇帝修建德政，最終導致秦朝毀於暴政，這樣的「失職」也是令人痛心的。

10萬精兵護孫臏

　　沒有雙腿卻依然能在戰場上叱吒風雲——這樣的場面似乎很難想像，但戰國時偉大的兵法家孫臏卻真實地上演了這樣的情節。

　　身為孫武的後代，孫臏的出身並不低。良好的家庭教養和天生的聰明才智讓孫臏成為鬼谷子眾多學生中的佼佼者，也成為師門外各國公侯爭相搶奪的人才。

　　對孫臏來說，成為哪一個國家的謀臣並不重要，因為只要王侯給予足夠的信任，他就可以用勝仗作為回報。所以，未出師門的他對王侯將相並不看重，反倒是對同門師兄弟十分看重。畢竟，除了老師與父兄，能與他交心的也就是這些同他一起成長的兄弟們。

　　然而，就是這樣「情同手足」的人卻給孫臏帶來巨大的傷害，也讓他的人生發生翻天覆地的變化。

　　龐涓，這個他從小的同窗，出仕魏國後，因為怕自己的師兄蓋過自己，將孫臏接到魏國後便開始對他進行殘酷的折磨。他摒棄了同門的情誼，將孫臏困在牢獄中，而後捏造各種罪名，企圖將孫臏置於死地。魏王愛惜人才，在孫臏的處罰上稍顯謹慎。龐涓見魏王如此，內心的恐懼更是加深，於是，他命人將孫臏的髕骨活活取出，並且在他的頭上刻下了囚犯的刺青，希望以此將同門師兄淹沒在牢獄中，從此無人知曉。

　　長久的牢獄生活讓孫臏的容貌發生很大的變化，尚且年輕的他臉上爬滿了歲月的滄桑，近乎殘廢的身軀讓他看上去更加可憐。龐涓對自己的

「傑作」很滿意，卻不知這樣的做法埋下的是自己被射殺的苦果。

魏國國王見孫臏變成這副模樣，本還想看看他是否有用的心思一下沒了。幸好偶然來到魏國的齊國使者對孫臏早有耳聞，偷偷用車將他載回齊國後，這個難得的兵法大師才有發揮才能的機會和空間。

齊國對孫臏的禮遇在於讓他開始參與七雄爭霸的戰爭，對各國情況充分瞭解後，孫臏的作戰方略總是可以換來勝利的結果。

西元前342年，魏將穰疵在南梁擊退了韓將孔夜，韓昭侯無力抵抗，派遣使者前往齊國求救。齊王答應韓昭侯的請求，命孫臏前往救援。孫臏接下王命，率領10萬士兵前往迎戰，與龐涓的巔峰對決蓄勢待發。

孫臏以「圍魏救趙」的思路，派兵將魏國包圍。在外作戰的龐涓接到王都的求救立刻提兵還朝。見龐涓歸來，韓國得救，孫臏命令齊軍撤退，龐涓因為孫臏的「戲弄」而氣憤不已，一氣之下，他顧不得行軍的勞累，徑直率領部下前往追擊。

馬陵道上，孫臏命人拔去道中一棵大樹的樹皮並用濃墨寫上「龐涓死此樹下」的話語。龐涓到達此處，見樹上有字便命人點亮火把仔細查看。漆黑的夜裡，龐涓所在之處的火光異常光亮。齊國士兵以此為導向，徑直朝一個方向射箭，萬弩齊發之時，龐涓雖知中計了卻也無法逃脫。

「本是同根生，相煎何太急」這句名言，除了描述手足之間的相互殘殺，也可以用來講述同門師兄弟之間的彼此迫害，孫臏與龐涓關係正是這樣令人唏噓、感歎。

兵法13章

　　評判一部經典是否足夠傳世，最重要的依據就在於千百年後是否還有人閱讀它。當哈佛商學院和美國西點軍校將《孫子兵法》這部書作為必讀書目時，孫武和他的這部傳世名作的輝煌魅力再次成為世界的焦點。

　　在《孫子兵法》這部書給西方人帶來驚豔之前，它已經讓它的主人孫武成為中國人心目中的「百世兵家之師」、「東方兵學的鼻祖」。孫武是齊國人，在伍子胥將他推薦給吳王並獲得重用之前，這個土生土長的齊國貴族在自己的國家發展得並不好。

　　當時吳王闔閭正想用武力壯大自己，孫武在好友伍子胥的帶領下來到吳國，並且將昔日總結的13篇兵法獻給了吳王闔閭。闔閭苦於手下沒有能征善戰的名將，見到孫武的文章後十分高興，隨即決定將他任命為作戰將軍。

　　現今流傳的《孫子兵法》總共為82篇，而核心內容只有上卷的13篇。有人說，這13篇是曹操對82篇做了精簡的結果；也有人說，只有上卷的這13篇是真正出自孫武之手。然而，不管哪種說法是真的，這13篇傳世名作卻真切地為歷朝的戰爭提供有益的參考。

　　按照內容進行歸納，這13篇兵法可以分為四個部分，第1篇至第3篇是戰略運籌篇，主要講的是整個作戰過程的戰略籌謀；第4篇至第6篇則為作戰指揮篇，講的是軍形、兵勢、虛實等內容；第7篇至第9篇則為戰場積澱，講的是如何觀察敵情及隨機應變；第10篇到第11篇為軍事地理篇，講

的是9種作戰環境和6種不同的作戰地形；最後第11篇和第12篇，為特殊戰法篇，講的是如何以火助攻及如何與間諜謀略相互配合。

粗略看上去，《孫子兵法》講的只是作戰的內容，但仔細剖析文字背後的意義卻不難發現，這些語句表現出來的正是齊文化的精髓所在。春秋時期，各個國家的經濟平行發展，思想與哲學上的理念也各有發展，互有利弊。處於東方的魯國，文化中強調的是「仁」和「禮」，認為在這兩個道德品格面前個人利益是可以適當犧牲的；處於西方的秦國正好相反，認為在個人利益面前，仁禮道德是可以退而求其次的。處於兩國中間的齊國，在思想文化領域同樣取了個中間點。

在齊國人看來，仁和禮是值得推崇的精神境界和思想品德，但個人利益也是必須追求的目標。這一點反映在《孫子兵法》上，孫武講「仁」又不把「仁」放在首要位置。他說，行軍打仗中講究的是「智、信、仁、勇、嚴」，把智慧放在最前面可以保證戰鬥的勝利，而仁放在中間，把屬下的士兵如同孩子一般看護則可以保證上下齊心、克勝制敵。

這是一種歷史的巧合。過分強調個人利益的秦國人寫出來的兵法或許會充滿尖刻、自私的色彩，強調寬容的魯國人寫出來的兵法可能會造成過分隨和、一盤散沙的局面。身處兩國中間的齊國人，以他獨有的智慧形成自己的中立文化，而這種中立文化加上孫武辯證的思考就成為戰場上最有效的作戰準則。

優秀的事物會因為分享而變得更加精彩，孫子兵法在為中國人提供優秀的思想指引後逐漸傳播到東亞和西歐，成為全人類共同的財富。

關於孫子兵法和日本的淵源，很多人會歸結到鑑真東渡這個歷史事件，認為是鑑真和尚到日本傳播佛教的同時一併將兵法帶到了奈良。然

而，根據日本兵法學者考證，《孫子兵法》在鑑真和尚到達日本之前就已經傳到了日本，而它的傳播者正是崇尚漢文化的朝鮮人。

關於《孫子兵法》在歐洲的傳播，不得不提到喬瑟夫-馬里‧亞密歐特。這位來自法國的天主教耶穌會傳教士，在清朝乾隆年間到達中國，而他在北京一住就是43年。這段期間，亞密歐特除了傳教，更重要的工作是研究中國文化，並且將它們翻譯成自己的母語帶回法國，這其中就包括《孫子兵法》等六部中國古代兵書。1772年，巴黎迪多出版社出版了《中國軍事藝術》叢書，人們為來自東方的軍事智慧感到驚訝，也將它的精華融入現實生活中。

有趣的是，近期研究發現，所向披靡的拿破崙也曾經因為當時巴黎社會的「孫子熱」而閱讀過《孫子兵法》，儘管這個事實沒有得到資料文獻的證實，但是孫武的智慧在西歐的盛行卻可以從這個傳說中看出一二。

如今世界上的戰爭越來越少，當和平成為人們的渴望時，孫武兵法上的排兵布陣其用武之地也自然越來越少。然而，兵法表現的不止戰鬥雙方的狡詐，那種邏輯嚴密、關係勝負的思維方法和計謀智慧同樣適用於現代的商業競爭。松下幸之助、本田宗一郎、盛田昭夫，羅傑‧史密斯，這些各自在商業領域赫赫有名的統帥都曾經對《孫子兵法》的智慧讚不絕口。

七擊匈奴

在中國歷史上，「外戚」是一個不好的稱謂。依靠宮中女人的裙帶關係扶搖直上後，把持朝政、顛倒黑白的大多是外戚。西漢的王莽、唐代的楊國忠，這些臭名昭著的權臣一直為世人所不恥。但奇怪的是，在西漢，有這樣一家顯赫的外戚雖然權傾朝野，卻從來無人敢發出質疑之聲。這個家族，正是包括了皇后衛子夫、大將軍衛青和大司馬霍去病的衛氏一門。

在漢武帝治下的長安城流傳的一首兒歌，歌裡唱到「生男不恥，生女不怨，獨不見衛子夫一家霸天下」。人們雖然明白這首歌中對衛家的玩笑，但朝中大臣卻無一人敢對衛青提出質疑，衛青本人也未受到他人的彈劾，即使後來衛子夫失寵，衛青的政治地位也沒有受到影響。讓他這個外戚與眾不同的，正是他七擊匈奴獲七勝的輝煌戰績。

嚴格意義上說，衛青是漢武帝少有的老部下之一，即使是出身名門之後、年長衛青許多歲的李廣也不可相提並論。

論家世背景，衛青私生子的卑賤身分是不能與李廣相比的，但是他卻是參與漢武帝早期上林苑練兵的重要人物。那時，漢武帝剛即位，年輕氣盛的他不滿於先前對匈奴作戰始終落敗的局面，打算重整旗鼓，給匈奴沉重打擊。於是，他召集了一幫有志之士在上林苑開始了自己的軍事訓練。

衛青原本只是平陽公主家的騎奴，衛子夫進宮後有了子嗣，陳阿嬌嫉妒之餘，將衛青也作為斬草除根的對象。漢武帝得知此事肝火大怒，將衛青加封為建章侍衛，衛青因禍得福，成為漢武帝身邊的隨從，並且開始加

入漢武帝的練兵計畫，為大戰匈奴建言獻策。

西元前129年，匈奴興兵南下直指上谷，漢武帝覺得一雪前恥的機會來了，而衛青一展宏圖的機會也來了。為了抵禦匈奴，漢武帝派出了四支軍隊，一支由衛青任車騎將軍從上谷出發，另一支由公孫敖任騎將軍從代郡出發，還有一支，公孫賀任輕車將軍由雲中出發，最後一支則是由名將李廣任驍騎將軍由雁門關出兵。

四支軍隊各領一萬精兵，漢武帝坐鎮後方，運籌帷幄。經過數日征戰，除了衛青深入險境直搗匈奴祭天聖地龍城，並且俘虜七百人外，其他三路軍隊兩路失敗，一路無功而返。雖然大軍中只衛青一人贏得勝利，但這卻是漢初以來對戰匈奴的首次勝利。漢武帝拍手叫好，不僅為這次勝利，更為戰爭局勢的轉變。有了這場勝利，百姓對匈奴的懼怕情緒有了明顯的改善，而舉國上下前所未有的亢奮則為接下來抗擊匈奴的戰鬥奠定良好的基礎。

第二年，休整了一年的衛青，又以輕車騎將軍的名號，領三萬騎兵從雁門關出兵直入大漠，並且成功俘虜數千人。第三年，匈奴不滿意前兩次的失敗，大舉入侵上谷、漁陽等地，並且將遼西太守斬於馬下。

一時之間，朝野震驚，百姓疾呼打退匈奴人，朝臣也摩拳擦掌、躍躍欲試。衛青在如此的歷史使命下完成又一次完美的戰役。他果斷切斷河套地區匈奴軍隊與後方匈奴王的聯繫，形成包圍之勢將敵軍一網打盡，最終活捉敵軍數千人，奪取牲畜數百萬頭，將河套地區收入大漢統治區。

基於這場勝利，漢武帝在形勢險要的河套地區建立朔方城，設朔方郡和五原郡，將內地遷徙而來的十萬人定居於此，緩解了匈奴長期以來對長安的直接威脅。這塊原本充滿戰亂的土地因為衛青的出兵而迎來和平的

曙光，當人們在這裡過上富裕的生活載歌載舞時，衛青也得到他應有的獎賞。

漢武帝對衛青帶領士兵們全甲而還十分滿意，便封他為長平侯並且將自己的姐姐平陽公主許配給衛青為妻。一個曾經被朝廷貴族看不起甚至於予以陷害的奴隸一躍成為國君的姐夫，位極人臣之時，許多人認為衛青將就此卸甲，以保持自己三戰三勝的輝煌戰績。然而，這位不忘初心的將領卻在他功名顯赫的時候再一次出兵匈奴，並且最終創下了七戰七勝的戰場傳奇。

西元前123年，衛青為大將軍於當年春夏時節領十萬騎兵出擊匈奴。這場戰爭持續三個月，斬獲匈奴軍一萬多人。西元前119年，漢武帝又以十四萬匹戰馬和五十萬步兵作為後勤補給部隊，支援衛青和霍去病率領的十萬騎兵出擊匈奴。此戰雖漢軍損失較大，但成績也是卓越的。衛青及其外甥霍去病總共殲敵七萬零四百人，俘虜匈奴屯頭王和韓王等三人，將軍、都尉、相國的人數更是達到八十三名。

自古以來，美人恃寵而驕，將軍恃勝而驕都是人之常情。可衛青這樣一個改變漢人對戰匈奴屢戰屢敗局面的大英雄卻從來沒有不可一世過。即使有人因為不服氣他的侯位而不行叩拜之禮，他也沒有計較。在他心裡，出征打仗是他作為一個軍人的天職，唯有取得勝利才可以不愧天地、無愧百姓。那些官場是非和蠅營狗苟，其實遠不如一場勝仗來得實在。

竇嬰因為竇太后的撐腰而廣養門客，田蚡因為王太后的緣故也大肆收買人心，擁有十萬兵馬的衛青卻從來不養門客。

衛青還十分熱心地向漢武帝推薦各種人才，這其中，深受漢武帝喜愛的主父偃就是因為他的推薦才得以進入朝廷成為一朝明相。

晚年，步入衰老的衛青不再出征，朝廷的紛爭也紛至遝來。衛子夫不再受寵，太子的地位也岌岌可危，然而即使是此時，衛青也不曾因為要為太子謀取人心而與他人結黨。人們忌憚於衛青的輝煌不敢對衛氏母子下手，而他死後，已經成為其他外戚眼中釘的太子則成為別人構陷的對象。

　　衛家的勢力，在衛青、衛子夫兩姐弟和霍去病離世後慢慢消散，然而史書留給這一家人的評價裡卻沒有指責與辱罵。學者不會像罵王莽那樣指責衛青竊取朝政，也不會像罵楊貴妃那樣說衛子夫禍亂朝綱。因為沒有一個外戚像衛青這樣拼盡全力、浴血奮戰，也沒有任何一個將軍像衛青這樣名貫朝堂卻仍舊樸實低調。

　　從這個角度上說，衛青留給世人的不僅是七擊匈奴的戰爭神話，更是他難能可貴的人生品格和精神境界。

19歲的將軍

　　所謂英雄出少年，成人的墨守成規有時會讓發展的步伐逐漸失去活力，來自年輕人的智慧和勇氣卻可以給一成不變的局面帶來改變，而霍去病的出現正是這樣的作用。

　　19歲，對現代人來說，這個年紀是走入大學校園的第一年，可是19歲的霍去病卻在這一年被漢武帝加封為驃騎將軍，並於春夏兩次率兵出擊河西地區的匈奴王，成功殲敵4萬餘人，俘虜匈奴王、王母、閼氏、王子、相國、將軍等120餘人。

　　面對這樣卓越的戰績，我們不禁要問，霍去病身上到底有何特質能夠完成如此重大的使命，並且實現漢朝建國以來一直無法實現的理想，原因還要從他的出生講起。

　　漢代是一個不拘小節的時代，當年反對暴秦統治時，陳勝吳廣提出的「王侯將相寧有種乎」的觀念在漢代得到全面的傳承。到了漢武帝時，一心想要改革弊政的劉徹更是信奉「不拘一格降人才」的理念，所以他身邊的許多將領，如衛青、趙破奴、公孫敖等都不是名門之後，甚至連漢武帝的皇后衛子夫當年都曾在平陽公主門下為奴。在這樣的歷史背景下，作為平陽公主府家奴和平陽縣小吏人私生子，霍去病從來沒有因為身分的卑微而感到自卑。舅舅衛青的指引，更是讓他早早地接觸到了漢朝的軍隊，並且成功地吸引漢武帝的注意。

　　西元前123年，大將軍衛青率部於漠南擊打匈奴，17歲的霍去病被漢

武帝任命為驃姚校尉，跟隨舅舅一同直奔大漠。那一仗，漢武帝和衛青原本只是想讓霍去病練練兵，但是這個意氣風發的少年，卻成功地繳獲了2028名敵軍，甚至連單于的祖父也被霍去病斬於馬下。

當他帶著單于的姑父羅姑比回到大營時，衛青十分吃驚，很快，霍去病的成績也傳到了漢武帝那裡。這個勇冠三軍的少年隨即以1600戶受封冠軍侯，兩年後，這個「小子」，果然成為匈奴人聞風喪膽的一把利劍，他獨特的作戰技巧也開創了中國冷兵器時代突襲作戰的先河。

漢武帝之前，中原王朝的作戰力量是車兵和騎兵並重。這種車騎並重的局面對於平地的戰爭而言十分具有優勢，但當這種的作戰方式遇上匈奴的機動作戰模式時，失敗就不可避免。認識到這一點，漢武帝對軍中的結構進行大規模的調整，將之前的車騎並重的局面改為騎兵為主、車兵為輔，而霍去病更是在這樣的軍隊結構下借鑑了匈奴的作戰技巧，讓自己的部隊呈現出輕盈快速的特點，為突擊作戰打下良好的基礎。

漢武帝的尚武人盡皆知，每一次對匈奴作戰都要傾盡全國之力籌集糧草。但是即使如此，大漠深處糧草的短缺還是讓漢軍經常吃敗仗。因糧草受限，漢軍的騎兵無法深入敵營，只能在匈奴王核心地區附近徘徊，即使取得勝利，也無法直入大漠深處。但霍去病卻改變漢軍作戰時的被動局面。

他放棄從後方運來的漢朝糧草，轉而帶上騎兵直取敵營。每當取得勝利，他就將當地囤積的糧草納為己用，隨後以同樣的方式往大漠深處更進一步。這樣的做法，既保證了軍隊的日常用糧，又減少了因為物資供應不足而不斷返回的頻率。部隊輕裝簡陣，作戰速度快，縱深拉大後，對匈奴形成合擊之勢，漢軍可直接打擊敵人的薄弱環節，取匈奴王首級如探囊取

物。

除了作戰技術的調整，在士兵結構上霍去病也不拘一格地吸納了許多匈奴裔的武人。在取食於敵和千里奇襲方面這些匈奴裔的武人產生了重要的作用。

霍去病還是一個與將士們心連心的好將軍。取得勝利後。漢武帝賜給他一壇好酒，霍去病不想獨飲，就將一壺美酒倒到湖中，讓一同廝殺的將士們共同飲用。後人把這個湖所在的地方稱為「酒泉」，而霍去病愛兵的名聲也由此流傳開來。

霍去病沒有出現之前衛青所取得的成就，讓漢武帝刮目相看，而霍去病出現之後，漢武帝更是眼前一亮。22歲時，年輕的霍去病和自己的舅舅一樣成為漢朝的大司馬，讓霍去病成為朝廷裡最年輕的管理軍事行政事務的高官。在年近不惑的中年人身邊，霍去病的年輕顯然是少有的。他朝氣蓬勃，不畏世俗偏見，靠著自己內心戰勝匈奴的信念，站在朝廷的議事台上。

看不慣霍去病扶搖直上的人，總是覺得這個年輕人會因為仕途過於順暢而鬧出笑話，甚至謠傳他與舅舅衛青因為名利之爭而不和。只可惜，這些傳言終究只是猜測。

成名後的霍去病與舅舅衛青的關係十分要好，他們經常談論如何擊退匈奴的戰法，也經常交換官場上的心得。他們是皇后衛子夫的裙帶外戚，卻從來不曾到宮中向一國之母有所要求。他們戰功顯赫，卻不結黨也不養門客。在他們看來，臣子的職責就是做好自己的本職工作，養門客只會讓皇帝更加的忌諱，即使有好名聲也不如打勝仗來的理直氣壯。

成績出眾，處事冷靜，為人低調，不驕不躁，年輕的霍去病是漢武

帝時期一顆冉冉升起的政治新星。當衛青逐漸步入衰老，霍去病成為他公認的繼承人。人們懷念當年衛青將軍的戰績，更期望霍去病能夠帶來更多的驚喜。可惜歷史總是那麼愛開玩笑，正當這位驃騎將軍的前途一片光明時，突如其來的死亡讓所有的幻想戛然而止。

西元前117年，霍去病因病去世。漢武帝得知這個消息以後徹夜痛哭，甚至幾日未曾上朝。下葬後，漢武帝命兵士將霍去病的墳塚修成祁連山的模樣，以此紀念他在抗擊匈奴戰爭中的輝煌功績。從此，中國歷史上再也沒有19歲的將軍。霍去病就像飄蕩在歷史長河上空的一抹火紅的煙霞，雖然只是曇花一現卻美得令人讚歎。

300里上林苑

在中國歷史上，上林苑絕對稱得上是皇家園林的典範。橫跨長安、咸陽、周至、戶縣、藍田五縣境，面積約300里的上林苑原先只是阿房宮的一小部分，其華麗程度與繁榮程度不及未央宮，但其歷史地位卻是獨特的。因為從這座軍事訓練用地走出去的軍隊，正是赫赫有名的皇家禁軍鼻祖——羽林軍。

作為西漢皇家最大的園林，上林苑的「出身」並不算高貴。古時候的皇帝經常會因為重大的政績或是重要的里程碑修建一座新的園林，上林苑卻是漢武帝在建元三年，也就是西元前138年在秦代一個舊苑的基礎上翻修的。

秦滅亡以後，漢朝成為又一個統一的王朝。劉氏皇族雖然可以用諸侯的形式穩定分布在各處的王侯，但北面的匈奴卻是難以抗衡的心頭大患。

滅掉秦二世的時候，劉邦曾經和匈奴的冒頓單于有過一次激烈的交鋒，雙方雖然勢均力敵，但善於狩獵的匈奴人最後還是以絕對的優勢將劉邦困在白登山。整整7天，劉邦和兵士們無糧無草，瀕臨絕境之時，劉邦採納了陳平的建議，利用金銀珠寶賄賂了冒頓單于的閼氏才得以逃脫，回到漢朝。

事後，劉邦與冒頓單于結下盟約，答應將漢家公主嫁於匈奴單于為閼氏，以和親的方式換取雙方邊境的穩定。聽起來，這確實是一個和平共處的方法，但是實際上，和親的策略卻將漢朝推向了弱勢的一邊。暫且不說

冒頓及其後繼的單于經常不守承諾侵犯邊境，單是和親時一同送過去的彩禮數量就讓剛成立的漢王朝吃不消。

文景之治後，漢朝的經濟水準有了不小的提升，但匈奴和漢朝之間已經失去平衡的槓桿卻再難調節過來。匈奴人習慣性地在兩國邊境燒殺搶掠，漢朝人也習慣性地送禮或送人。當時，漢朝人對匈奴人的所作所為憤憤不平，尤其是邊境被侵犯的百姓和被迫和親的皇家，更是對匈奴充滿仇恨。但是，面對比自己的軍隊強十倍的匈奴鐵騎，西漢王朝卻無力還擊。

景帝時，漢武帝還是一個少不更事的孩子，所以對匈奴只有一些模糊的印象和感覺。但是，隨著年齡的增長，閱歷的增加，漢武帝越來越發現和不守信義的匈奴保持和親不是維護和平的好辦法。後來，漢武帝的姐姐南宮公主也被當作和親對象送往匈奴充任閼氏，手足離別的傷感讓他深刻地體會到國力強盛的重要。或許，他心裡關於改變漢匈關係的決心和信念就是在那一刻達到頂峰。

人們常說「知易行難」，很多大道理我們在聽到時候都會銘記在心，但具體如何去落實卻顯然比思想上的贊同艱難。面對匈奴的蠻橫，漢武帝的父輩們自然有怒氣，滿朝文武大臣急切希望改變現狀的人也不在少數，但和親的局面卻依然持續幾十年。所以，如何將內心宏偉的想法變成現實，考驗的就是漢武帝的執行能力了。

剛開始，剛登基的劉徹沒有多少機會可以實現心中的抱負，文景之治的休養生息讓漢帝國的經濟有所復甦，可是和兵強馬壯的匈奴相比，漢朝的國力還是有些虛弱。漢武帝上台後考慮到國計民生，自然將整頓吏治和恢復經濟作為最重要的工作，但是這樣的方針政策卻不代表他要推遲抗擊匈奴的理想。

大規模經濟建設和政治結構調整的格局下，全面地招兵買馬還不能立刻進行，但抗擊匈奴的步驟不能停下來。透過對匈奴戰術的研究，漢武帝發現匈奴人的作戰方式雖然變化多端，但內在卻是以狩獵時誘敵深入，集中攻擊的模式為主。這個發現，讓漢武帝興奮不已，因為只要精通匈奴攻擊的套路，找到破敵之策便不再是難題。

為了實踐自己的思路和想法，並且將對百姓的影響降到最低，漢武帝想到了到上林苑狩獵的辦法。但是，從哪裡調配這樣軍隊比較適合？北面的匈奴虎視眈眈，從邊境撤回勁旅進行訓練顯然不合時；南、北兩軍雖然近在咫尺，但一旦調配，京城守衛力量被削弱，王都的安全也會受到威脅。

很長一段時間，漢武帝都找不到適合的軍隊完成以狩獵為名的戰略實踐。朝政繼續進行，各項加強中央集權的措施仍有條不紊地推進。終於，在一項關於郎中令的軍事改革政策中，漢武帝找到實踐自己計畫最適合的軍事隊伍。

自秦到漢初，負責皇家保衛工作的職位成為郎中令，雖然這個職位的工作內容和皇家禁軍十分類似，但嚴格意義上說，這不是軍隊編制，更沒有戰鬥力量。相反地，它是一支以文官為主的內廷護衛。漢武帝當政後，中央集權的程度大大提升，為了配套這項改革，將軍權掌握在皇帝手上，漢武帝將軍權進一步的集中，並安排了南、北兩軍負責京師的保衛工作。

改革後，南、北兩軍的軍事實力得到極大的拓展，但京師周邊雄兵把守的局面卻反而造成皇宮禁衛微弱的局面。為了提升皇宮的安全感，也為了牽制南、北兩軍的實力，漢武帝開始著手對郎中令進行調整，改名為光祿勳後又在旗下增加期門和羽林軍，並且將後者設為天子親軍，以此守衛

皇宮及帝王本身的安全。

從此，漢武帝在羽林軍的簇擁下開始了他在上林苑的狩獵。這個出身農耕民族的皇帝，仿照匈奴人的生活方式，以上林苑中的獵物作為訓練對象進行進攻與防守策略的研究。

他將兵書上的謀略運用到實際作戰中，在實戰訓練裡形成全新的「迂迴包抄」作戰方式。他改變以往進入荒漠後匈奴軍隊佔領先機的被動局面，在運動中追擊敵人，積極尋找與敵人主力作戰的機會，以速戰速決的優勢避免漢家軍隊在大漠中無糧無草的困境。

除了作戰方式的提升，漢武帝和副將們在上林苑的狩獵也讓彼此之間的團隊協作得到良好的提升。剛開始，漢武帝身邊最主要的副將是衛青，到後來，霍去病、李廣等名將也加入其中。在經濟條件上不允許的情況下，透過小範圍內的射獵鍛鍊戰鬥力的確是一項明智的選擇，因為它既不會造成勞民傷財的後果，又能提升將領們的作戰能力。

多年以後，這些在上林苑得到鍛鍊的將領都成為征服匈奴與西域各國的悍將，這個以農耕為本的民族能迅速崛起並大肆擴張，很大程度上與漢武帝在上林苑狩獵時鍛鍊出來了的與游牧民族類似的戰鬥氛圍有關。儘管後來，窮兵黷武的漢武帝寫下了著名的《罪己詔》，但是無論如何，這份大國崛起的戰鬥熱情對改變漢朝四周強敵環繞的局面產生非常重要的作用。

第9章

凄——九死一生唯兵士

165萬屍骨

中國歷史上能當得起「殺神」這個稱謂的人是白起。在秦朝的擴張戰爭中，白起殲滅戰的思想和手段與他人相比殘酷了許多，死在他劍下的士兵更是數不勝數。據梁啟超考證，戰國時期死亡的兵士為210萬，而僅白起一人屠殺的士兵就達到165萬。

可以說白起的崛起之路，正是各國兵士的死亡之路。秦昭王十三年，白起開始了他的戎武生涯。昭王十四年，他就成功地在伊闕之戰中殲滅韓魏24萬聯軍，為秦軍東進徹底掃除了障礙；十五年，他任大良造時又發兵攻魏奪取了魏國61座城池；十六年、二十一年，白起先後攻下垣城和光狼城；秦昭王二十九年，白起又率領部下打敗楚國並攻佔了楚國都城郢；秦昭王四十年，白起率部攻打趙魏聯軍，斬首13萬人；秦昭王三十四年，攻打韓國陘城斬首5萬；四十七年，秦趙大戰，白起與趙國大將廉頗於長平激戰後，將投降的40萬趙軍全部活埋，這場戰役開創了包圍殲滅戰的高潮，其殲滅的人數也達到戰國時期的最高峰。

然而，這樣一個窮兵黷武的將軍，卻意外地受到後世的尊崇，並列居「武廟十哲」，甚至在唐玄宗口中，白起更是他讚不絕口的十大名將之首。

人們如此推崇白起的原因究竟是什麼？

作為戰場上的殺神，白起在戰爭中取得勝利已經是常事了。白起是中國歷史上圍殲戰術首屈一指的統帥。整個作戰生涯，白起經歷過70多場戰

爭，而且其中絕大部分採用的是圍殲戰術。所謂圍殲，即將敵軍包圍起來然後全部殲滅。和以前攻城掠地的作戰目標不同，白起打仗最重要的目的是消滅對方的有生力量。這一點在長平之戰中顯得尤為突出。當時，除去已經戰敗的5萬趙兵，剩餘的40萬趙軍均已舉手投降。然而，白起卻殘忍地拒絕他們投降的請求，用巨坑將所有人活埋。唯一可以逃出生天的只有200多名年幼無知的小兵，而他們也僅僅是回趙國報信的工具而已。

除了圍殲戰這個特點，白起作戰的另一個突出的特徵就是竭盡全力追殺剩餘逃兵。在《孫子兵法》中「窮寇莫追」是一條上上之理，因為在齊人的觀念裡，戰爭中的個人利益固然重要，但同樣要講究仁義道德。即使是與白起同樣就職於秦國、主張嚴苛法家思想的商鞅，也強調追逃兵的最大範圍不得超過十里。可到了白起，秦人重視個人利益的主張被展現到了極致。

為了能讓秦昭王的霸業得以實現，白起不惜化身羅剎。在敵軍眼中，白起是殺人不眨眼的狂魔，可是對於統一天下的秦國而言，白起卻是功不可沒的勇猛將軍。白起如此忠心，更是來自於秦昭王對他的提拔和信任。

秦昭王是一個具有雄才大略的皇帝，他上任以後立刻恢復商鞅的變法，使得整個秦國重新走上振興的道路。國家迅速發展，對人才的需求也更加迫切，為了能夠獲得更多的有志之士，秦昭王打破傳統的晉升管道，不拘一格降人才，白起正是這項政策的受益者。

戲說的橋段裡，白起是宣太后羋月救過的狼孩，他感激於羋月母子，所以竭盡全力地幫助秦昭王奪得天下。有趣的故事自然能引發人們閱讀的興趣，但是這樣的說法是否真實無從考證。然而，不管白起興起於何處，也不論他是否受恩於羋月，這個從最低士官級別一直做到秦國大將軍的

人，一生都在為秦國的霸業奮鬥著。

可是，朝廷不是單靠忠誠就能夠維持。白起的成就令秦昭王滿意，卻招來了朝內人的非議，原本丞相范雎就對白起的戰功十分忌諱，長平之戰後，趙國使者的挑唆更讓范雎對白起充滿厭惡。

用趙國使者的話來說，如果秦國繼續戰爭，趙國和韓國肯定會被秦國納為己有。那時，白起的功績將足夠位列三公，長久待在國內的范雎，雖然也為秦昭王出謀劃策，卻難逃向白起俯首的下場。范雎一聽，面色沉了下來，隨即上表稟奏秦昭王，希望王上同意韓趙兩國割地求和的請求。秦昭王覺得范雎所說的秦軍疲憊，需要休養的理由很充分便同意了丞相的建議。

白起聽聞這個消息以後，心中十分不快，認為此時延誤戰機，後面必然隱患無窮。可惜，秦昭王沒有收回成命，白起也因此與丞相范雎變成仇人。更令他想不到的是，自己作戰的堅持換來的卻是殞命劍下的結局。

兩年後，秦昭王揮師趙國旨在一舉滅亡，趙國卻因為范雎的建議得到休養生息的機會。秦軍的作戰計畫不斷受挫，殲滅趙國的理想也越來越遠。當年，白起認為將趙國收入囊中易如反掌，如今秦國卻反被其打敗。不甘心的白起朝著秦昭王訕訕地抱怨了句，如若當初聽從我的，如今又怎會是這樣的下場？秦昭王聽完心中十分不快，大發雷霆後拂手而去。

原本融洽的君臣出現裂痕，范雎看在眼裡，喜在心上，因為這樣的局面正是他想看到的。眼看除掉白起的時機成熟了，范雎就在秦昭王面前以白起「目無君王」為由不停地進讒言。時間一長，秦昭王對白起有了異樣的看法。在白起再次拒絕秦昭王出兵的命令後，秦昭王聽從范雎的建議，下令賜死白起。

征戰一生的老將執劍自刎時仰天長歎，依舊無法釋懷的是自己忠於秦國，忠於君王卻為何會落得如此下場？范雎顯然知道這個問題的答案。他知道，造成白起最終殞命的不是和他和秦昭王意見的不和，而是白起寧折不彎的性格。這份執拗成就了白起的戰績，也讓他對君王的失敗充滿質疑，並且最終令秦昭王對他失去信任。

　　一代名將在朝廷的紛爭中失去性命，秦國稱霸的腳步卻沒有停止。當白起以自己的戰績為秦國的擴張掃除巨大障礙後，秦國所向披靡，書寫了屬於它的輝煌歷史。

40萬趙軍被活埋

　　戰爭，總是伴隨著大規模的殺戮與傷害。近代戰場上，炮火的轟鳴和四濺的火花在摧毀城池的時候也讓居住其中的百姓顛沛流離；大規模殺傷性武器的使用更可能讓熙熙攘攘的城市頃刻間成為荒蕪。

　　這樣的結果在熱兵器誕生時便已經註定了其走向，但讓人們吃驚的是，在中國冷兵器時代的王國對抗中，這種規模巨大的軍隊滅絕竟也真實地發生過。西元前260年，秦趙於長平大戰，乘勝追擊的白起在贏得戰爭勝利後，竟殘忍地將40萬趙軍全部活埋！這樣的史實令後世觸目驚心，但卻深刻地證明《孫子兵法》中「兵者，死生之大事」的說法，也道出了戰爭的殘酷和政治的無情。

　　作為「三家分晉」的產物，趙國的出現雖然有些「名不正，言不順」，其疆域面積、經濟實力也不是七國中最大的，但就是這樣一個看上去很中庸的趙國卻是決定戰國七雄政治局勢的關鍵，因為趙國地處中間，是東西方大國齊、秦之間的必爭之地。

　　作為鄰邦，趙國與秦國的關係可以用「變幻莫測」來形容。當年，秦宣太后羋月與兒子流落在外時，正是趙武靈王的大力幫助才使得這對已經被秦國遺忘的母子得以回國，並且最終執掌大權。那時，趙武靈王正當權，他敏銳地感覺到鄰邦和睦對本國發展的重要性，也知道應隨時提防秦國的崛起與挑釁。所以，秦武王死後，趙王竭盡全力將羋月母子送回國中，其目的也正是與秦交好，穩定兩國關係。

作為趙國難得一遇的明君，趙武靈王的做法是對的。秦昭王登基後，感念趙武靈王當年的恩情，與趙國長期修好，秦昭王對趙武靈王治下的趙國也未曾覬覦或挑釁過。那時，秦國因為實力的壯大開始有了擴張的欲望，東征的步伐伴隨著它對其他五國的騷擾越行越遠。垂沙一戰，秦軍大敗楚軍，隨後，秦國又發動伊闕之戰，並且以此沉重地打擊韓、魏兩國。

面對秦軍的進攻，各國剛開始確實擁有聯合防備的想法，但「合縱」聯盟的不穩固和「連橫」學說的衝擊，讓本來就不是一條心的六國各自為政。秦軍也藉著這樣的空隙，加快了侵蝕他國領地的步伐，鄢郢之戰和華陽之戰的勝利更是為秦國贏得楚、魏兩國數座城池。

邦國環境風雲變幻，趙國因為當年輔助秦昭王登基的情分勉強成為「圍觀者」。臣民們對趙武靈王的明智感到欽佩，對秦國的恐懼也因為「恩情」思維有所減輕。可惜，政治終究不講人情，即使趙國老國君當年對秦國皇帝有恩，新上任的趙王卻無法繼續享受秦昭王給予的特殊待遇。

趙惠文王繼位後，秦國對趙國的友好戛然而止，秦趙之間的戰爭也從邊境騷動逐漸演變成大規模的戰鬥，兩個國家互有勝負，彼此因為戰爭的失敗怨怪憤恨，也因為偶爾的勝利而高興。

對於趙國來說，這樣的戰爭局面雖然不算精彩，但和韓、魏兩國相比，趙國沒有絕對失敗的結局還是讓趙王的內心稍感安慰。只是群雄爭霸的政治局面裡，平衡是相對的，失衡才是必然的。秦國的實力還在上漲，對外擴張的腳步也不是一兩個國家的抵抗就能阻攔的。在沉重打擊了國土面積最大的楚國後，秦國揮師向東的步伐更加堅定，趙國的「負隅頑抗」也因此成為秦國東進最大的障礙。

趙孝成王即位時，趙國曾經與齊國一同聯手將前來侵犯的秦國擋在國

門之外，秦國吃了敗仗，將進攻的重點放在了與趙國同出於晉的韓國。西元前262年，秦國成功佔領韓國的野王區域，韓國的上黨郡與本土王庭失去聯繫，成為無可依靠的政治孤島。

韓桓惠王對秦國的侵略憤恨到了極點，卻又不得不忍痛命令上黨郡郡守馮亭把上黨郡作為禮物獻給秦國，以此求得秦國的息兵。馮亭雖是小小郡守，但剛強的性子卻十分出名。他憤恨秦國，不願意充當秦昭王的奴僕，也不願意自己的百姓淪為秦國的俘虜。為了給自己和上黨百姓找到更好的出路，馮亭與上黨郡百姓一同決定將上黨郡作為禮物送給趙國，以此聯合趙國的力量共同抗擊秦國。

當上黨郡十七座城池的地圖擺在趙孝成王面前時，對土地的渴望讓趙孝成王坐不住了。他找來平陽君趙豹商議是否接受上黨郡，平陽君認為馮亭的做法有嫁禍趙國的嫌疑，因此不主張趙孝成王接受此禮。

趙孝成王覺得平陽君說得在理，但心裡卻又放不下對土地的貪戀。於是，他又找來平原君趙勝、親信趙禹，與他二人就同樣的問題進行商討。面對土地的誘惑，兩位親信竟都表示贊同，並且以「坐享其成十七座城池」的觀點勸說趙孝成王接受上黨郡。趙孝成王搖擺不定地心思在親信的勸說下得到確定的答案，秦趙兩國的大戰也因為趙孝成王的貪心而爆發。

聽到趙國接受了上黨郡的消息，秦昭王自然十分不滿。在他看來，趙國此舉侵吞的不僅是韓國的土地，更是秦國的顏面。為了保住自己的戰爭成果，秦昭王命白起為大將軍，率領秦兵討伐趙國。

對白起的到來，趙孝成王與平原君並不感到意外。在他們看來，秦國派來白起在情理之中，但趙國的軍事力量也不弱。雖然廉頗靈活作戰的能力並不一定比白起強，但只要能牢牢守住趙國的城防，秦軍也會因為進攻

無果而撤退。

然而，當秦軍成功將上黨郡據為己有後，秦趙之間的戰爭已經不是攻守這樣簡單了。秦軍來勢洶洶，趙國的抵抗變得艱難。趙孝成王見廉頗守城不利，著急地更換了主將，要求趙括擔任將軍，並全面展開對秦軍的正面攻擊。白起利用趙括輕敵冒進的弱點，假裝失敗，待將趙軍引至長平後，白起全力進攻，最終將趙軍攔截在長平戰場上。

當趙軍主力斷糧46天時，原本充滿鬥志的趙國士兵陷入互為食物的困境。趙括深知局面不利，只好組織剩餘的趙軍兵分四路輪番突圍。可惜，連續四五次的衝鋒都未能改變趙軍的困境，親率精銳部隊強行突圍的趙括也在屢戰屢敗中被秦軍亂箭射死。

沒有主將，趙國軍隊沒有靈魂，40萬趙兵舉旗向秦將白起投降。兵法有云「窮寇莫追」，按照春秋戰國「義戰」的定義，任何一個勝出的將軍都應該對俘虜從寬處置。但是以「殺神」名號著稱的白起卻改變先輩們流傳下來的戰爭規則。

在他看來，趙國士兵是反覆無常的，如果不將他們全數消滅，回到國內，他們一定會再生事端，禍患秦國。於是，在白起連哄帶騙的手段下，趙國降兵被趕下巨坑，慘遭活埋，40萬士兵除了年紀尚小的200多名士兵被送回趙國報信外，其他正值壯年的士兵最後都化成永錄屍坑中的皚皚白骨，任天人永隔，也無能為力。

從那以後，失去戰鬥力的趙國一蹶不振，秦國在統一六國的戰爭中迎來更多的勝利。嬴政成為秦國新一任君主後，在先輩為其橫掃障礙的基礎上，帶領秦國統一天下的理想就轉變成時間長短的問題了。

8萬將士與風聲鶴唳

打仗的過程中，兵力固然重要，但戰鬥隊伍的心理狀態卻也經常會對戰爭的解決造成影響。當年，項羽和士兵們正是因為聽到了深夜的楚歌才徹底放棄對抗的信心。和霸王的境遇一樣，前秦苻堅治下的將士們也是在風聲鶴唳的淒涼中失去作戰的勇氣。

魏晉時期，各國之間的混戰層出不窮，氐族建立的前秦國自然也不能從亂世中脫身。西元383年，秦王苻堅頒布詔令，按照「以十為一」的比例舉全國壯丁之力，向東晉發動大規模的入侵。不論是地主子弟，還是普通百姓，朝廷都統一授予他們羽林郎的職務，以此壯大作戰隊伍的力量，提升對外戰爭勝利的概率。

詔書下達後，民間富家子弟前來應招的有3萬多人馬，儘管大臣們對這些不懂軍事的富人後代十分擔憂，但苻堅卻不聽勸諫，執意要將他們安排到軍中，以此壯大軍隊聲勢。

隊伍集結完成後，苻堅與八月派遣陽平公苻融統領張蚝、慕容垂為首的25萬步兵和騎兵作為戰時先鋒，同時任命兗州刺史姚萇為龍驤將軍，全權負責益州、梁州等地的軍事部署。

前秦兵力十分強盛，東晉朝廷聽聞前秦來犯，舉朝震驚。十月，陽平公苻融正式攻打壽陽，破城後，東晉將軍徐元喜等人被俘。勝利給將士們帶來巨大的動力，前秦軍隊趁勝攻克了鄖城，進攻的步伐不斷向前。

聽聞前秦百萬大軍來到淝水之濱，僅與敵軍相距25里的晉國將領謝

石、謝玄十分緊張。他們知道前秦軍隊的厲害，卻又不能以手上僅有的八萬軍隊莽撞地硬碰硬，思來想去，他們決定以「智取」代替「武鬥」。

怎樣才可以用最小的代價將苻堅浩蕩的軍隊打敗？

首先，謝石讓自己的軍隊將最好的鬥志拿出來，每天按時訓練，並且以最響亮的聲音喊出軍隊的口號。隨後，他命人在附近的山坡上布置了許多人形模樣的裝備，苻堅登高遠望，果然將這些隱藏在草叢中的裝備當作伏兵，原本想一蹴而就的想法竟也不自覺地退縮了。

除了迷惑敵人的工事，謝玄派遣使者前往苻堅處做說客。他告訴苻融，若前秦軍隊將部隊往後再推一推，晉兵就可渡過淝水與秦軍一決勝負。

前秦將領覺得東晉的建議十分不妥，但苻堅卻認為這樣的退卻可以給自己的軍隊贏得戰機。按照他的計畫，稍稍退兵後，晉軍就能渡江，當他們渡到一半時，秦軍就可以出兵攻打晉軍。將領們認為苻堅的計策確實不錯，便同意了軍隊退卻的建議。

然而，這一退，謝玄、謝琰和桓伊的軍隊卻成為直插秦軍大營的一把利劍。苻融被晉兵殺死，秦軍頓時渙散，謝玄等人乘勝追擊，包括富家子弟在內的秦兵大敗，有些士兵甚至因為擁擠踩踏而死。

年少的將士們在前秦過著安穩的生活，尤其是富家氏族子弟更是衣食無憂。所以，當看到滿是屍首的戰場時，前秦軍隊的士兵們更是恐慌之至，甚至在聽到風吹和鶴鳴的聲音時，都以為是追殺而來的晉兵。

飢寒交迫的身體感受和絕望的心態讓前秦兵士死亡的速度逐漸加快。天明時，七八成的士兵因為驚恐過度而喪生。前秦發動的這場討伐東晉的戰爭一開始聲勢浩大，最後卻因為士兵的恐懼而以失敗告終。

勝利的消息從戰場傳到東晉宰相謝安府中的時候，這個政治老手正在和友人下棋。友人因為勝利而歡呼，謝安雖表面鎮定，但內心的激動卻難以抑制。朋友在場，他面不改色，只淡然地說了一句，弟弟終於將前秦軍隊打敗了。當友人離開後，他卻因為過度興奮而將自己屐上的齒磕掉了。

　　有人說，謝安的表現反映的是他內心的虛偽，但換個角度想，謝安在友人面前保持淡定，卻正好與苻堅及其部下的不淡定形成鮮明的對比。試想，若不是苻堅急切地想要對東晉開戰，並且將已經被奢靡生活腐化的地主子弟當作作戰力量，前秦的戰鬥力又怎會在風聲鶴唳中全線崩潰。

　　從那以後，前秦徹底失去和東晉對峙的勢力，苻堅回國後雖心有不甘，卻因為國力不足而不敢再對東晉發兵。東晉因此獲得邊防的安定，國家經濟也因為政治局面的穩固而有了長足的發展。

百萬黃巾入塵埃

中國歷史上，農民起義的次數有過很多。從進入封建社會開始，昏庸的王朝統治都會成為百姓起兵反抗的理由，那些受苛捐雜稅和昏暗統治折騰的普通百姓在對生活感到絕望時，其拼死也要闖出一條路的決心並不難理解。

這些戰爭，有的持續數十年，有的曇花一現，有的最終贏得改朝換代的勝利，有的卻只能在煙塵中泯滅。儘管如此，這些勇於對暴政說出「不」的戰鬥者還是給統治者帶去了猛烈的打擊。這些衝擊在表達起義者夙願的同時，更加速了腐朽王朝的滅亡。

東漢末年，政局動盪不安。劉氏皇族衰微，強悍的外戚權臣專政，甚至連宦官也從中漁利，成為不可一世的朝廷霸主。漢室無能，四周蟄伏許久的游牧民族政權重新開始了對中原地區的覬覦。以西羌為首的胡族發動長達數十年的戰爭，漢族王庭找不出精兵強將，只好花費鉅資與對方長久僵持。艱難的財政危機下，百姓的徭役更因為兵役的重疊而更加沉重。如此風雨飄搖的情景下，地主階級沒有多少覺悟，他們非但沒有減輕農民的負擔，反而更加肆意地兼併土地。戰爭破壞下，良田本來就沒有多少，加上大地主的侵佔，百姓更是無田可耕。

民不聊生的時候，老百姓忍痛交換生子作為吃食的殘酷場景不斷上演。為了讓自己深感絕望的心情得到緩解，愚昧的百姓決定將信仰投向神話傳說中的神明，而這也恰恰給當時某些「精明者」一個聚眾起義的好藉

口。

漢代，道教是最常見的宗教信仰，張角和兄弟張寶、張梁三人就是
「黃老學說」和道教教義的忠實信奉者。樸素的道教思維裡，懲惡揚善是
主要的社會態度，這種觀點告誡張角和兄弟們不行惡事，多行善事，但也
給他帶來全新的思想靈感。張角結合自己的理解和《太平要術》的相關內
容創立了自己的「太平道」，開始用「散施符水」給普通百姓念咒治病。

剛開始，張角只是一個遊走四方的道士。後來，張角逐漸有建立一番
「偉業」的想法。為了能讓天下百姓與自己並肩作戰，起義者張角將起義
的口號設為「蒼天已死，黃天當立，歲在甲子，天下大吉」。此話一出，
張角立刻成為人們心目中神明的化身，對他的擁護也變成順應天理的事
情。隨後，張角以個人名義創建了太平道，利用剛升溫的個人崇拜和宗教
信仰將貧苦農民集中在一起，並且在信眾達到百萬時，發動著名的「黃巾
起義」。

那時，太平道的信眾遍布青、徐、幽、冀、荊、揚、兗、豫等八州，
為了方便管理，張角將信眾分為三十六方，其中大方萬餘人，小方四五千
人。每一方中，張角都親自挑選一人設為渠帥，渠帥管理方內的信眾，又
直接聽命於張角。如此簡單的機構設置，讓大規模的信眾起義軍有了更好
的管理體系，也讓張角意圖推翻漢朝，建立由黃巾軍統治的新政權的想法
有了落到實處的組織保障。

西元184年二月，張角正式發動起義戰爭。眾信徒一呼百應，以頭綁
黃巾為記號，帶上自家的鐵器農具開赴戰場，誓要將腐敗、腐朽的東漢王
朝推翻。

為了讓信眾的力量更好地集中到重要的火力點上，張角命人在重要

的政府機關門上寫下「甲子」二字作為標示，並派馬元義到荊州、揚州將另外一部分起義軍帶到指定地點，以此達到裡應外合、共同打擊的目的。周密的計畫讓張角及起義軍信心百倍，他們高呼口號，燒毀官府，勢如破竹，沿線七州二十八郡接連失守，官吏士兵抵抗乏力，戰敗的消息讓整個東漢朝廷感到震驚。

漢靈帝見黃巾軍近乎兵臨城下，立刻命何進為大將軍，率左右羽林五營鎮守京師，又從函谷關、伊闕、孟津等地設置了多重駐點防衛黃巾軍。隨後，漢靈帝又從各地調派軍隊前往起義區鎮壓黃巾軍，盧植領副將負責在北方與張角周旋，皇甫嵩及朱儁則各領一軍，討伐潁川的黃巾軍。

漢軍首戰並未得利，戰敗的漢軍士氣低落，黃巾軍的攻勢依然猛烈，漢室軍隊的全面反擊沒有將他們殲滅。漢靈帝不得已，只好重新招募有志之士前往前線鎮壓，皇甫嵩、朱儁和曹操等人對黃巾軍形成包圍之勢，從三面夾擊黃巾軍。

在漢軍的強烈壓迫下，黃巾軍主帥張曼成被斬殺，起義軍改趙弘為帥，但戰局的優勢卻徹底地失去。殘餘勢力逃到宛城，遭遇孫堅部隊，豫州一帶的黃巾軍被盡數剿滅，而張角更是在與盧植的戰鬥中失利。

後來，董卓代替盧植對黃巾軍乘勝追擊，張角因為連續作戰的失敗氣憤而亡。起義軍分崩離析，直到十一月繼承者張寶在巨鹿被殺，這場持續九個月的大規模起義才以起義軍的失敗告終。

就這樣，這場中國歷史上最大規模的、以宗教形式存在的起義落下了帷幕。人們惋惜起義軍將士的失敗，也從他們身上總結出起義需要注意的經驗和教訓。首先，黃巾軍的統帥張角不是出色的統帥。他雖然有效地將反抗者統一在一起，但是真正打仗的時候卻沒有運動戰的思維。各方將領

單獨作戰，除了鞏固自己已經佔領的城池，起義軍無法在戰鬥中尋找軍隊擴大的契機，單純地與漢朝軍隊拼消耗的做法，最後的結果就是幾十萬起義軍被拖垮，不戰而降。

其次，對起義者來說，統治者的昏庸和世道的炎涼是領導民眾起義最重要的思想基礎，但張角將他賦予宗教的含義後，起義軍的現實主義意義就在無形中弱化了。剛開始，黃巾軍的局勢良好，但所到之處卻並未獲得群眾的擁戴。老百姓可以因為對漢室的不滿而聚集在一起，卻不會支持另一個有「特殊」教義的宗教組織改變現世的秩序，而漢家皇帝更是以此為由，將起義軍冠以「邪教」的名號，以此達到聯合天下人共同反抗邪教的宣傳效果。

除此之外，漢室派出的強大作戰力量也是黃巾軍失敗的重要原因。回顧《三國演義》，三國時代前期的梟雄們幾乎都是平息黃巾起義的有功之臣。曹操、孫堅、董卓、劉備、關羽、張飛，一個個耳熟能詳的名字說明這場平叛戰爭的艱難，也說明黃巾軍對手的強悍。

後來，這些能征善戰的將軍們導演了一出中國歷史上最波瀾壯闊的戰爭畫卷，算盡人心的計謀和運動戰為主的新式戰鬥方式成為戰爭勝利的殺手鐧，如此驚人的作戰技巧和作戰素質，單純蠻幹的黃巾軍又怎能與之匹敵？

250餘水兵的覆沒

如果說有誰的生日能讓一支軍隊全軍覆沒，這個人必定是慈禧太后。當年，正是因為她為了不讓自己的六十大壽受到戰爭的影響才在虎視眈眈的日本軍隊面前猶豫不決，導致甲午中日戰爭的戰機被延誤，250餘名清朝海軍將士們因此葬身大海，悲哀地成為日本帝國主義海上擴張的祭品。

那時，朝鮮的閉關鎖國政策導致了國家經濟的羸弱，經歷明治維新的日本卻船堅炮利。薄弱的海岸防守抵擋不住日軍的進攻，不多時，朝鮮就成為日本侵略戰爭的犧牲品，人民敢怒不敢言，唯一的出路就是尋求清政府的幫助。

當時，清政府正在為是否出兵朝鮮猶豫不決，日本見狀，立刻向清廷發來信函，表示自己不干涉清軍進入朝鮮的事宜，也不介意清朝出兵幫助附屬國。清政府見到這份保證後，隨即打消了對日本的戒備心，並且派遣約2000名的清兵前往朝鮮輔助對抗日本侵略者。

可一切就在這次派兵後出現反轉。

見清兵到達朝鮮，日本轉而否定了之前不干涉清廷派兵的觀點，並且要求清廷退兵，不要干涉自己與朝鮮的糾葛。清朝軍隊對日本的做法十分氣憤，便提出雙方同時退兵的要求。朝鮮贊同清廷的觀點，希望恢復本國原先的安寧和平靜，可日本卻未對清政府的請求做出明確回應。

各方僵持不下，主管此事的清大臣李鴻章寄望於英美的調停，因此放棄主動解決的方案，希望由協力廠商列強做出裁決。可惜，列強出於自身

利益的考慮，對李鴻章的請求並不上心，相反地，他們觀望的態度令事情的發展更加惡化。

和談失敗後，日本向中國遞交「第一次絕交書」，清廷對此不予回應，日本卻又一次發出了「第二次絕交書」，並且以「正義」的口氣誣陷中國派兵朝鮮意在挑釁滋事。光緒帝接到這樣的消息，內心十分不滿，他感受到日本蓄意挑起戰爭的陰謀，與自己的老師翁同龢形成對日作戰的「主戰」聯盟。

但慈禧太后卻不這麼想！

那時，慈禧太后的六十大壽即將到來，為了讓自己可以有個排場，慈禧太后從年初就開始籌劃這場「難得一遇」的壽宴。戰爭迫在眉睫，所有人都焦灼難耐的時候，慈禧的心中依舊裝著她的壽宴。光緒帝奏請出兵作戰的辭呈被慈禧太后以「不想打擾壽宴」為由長期擱置。即使國內輿論和普通百姓都希望朝廷能與日本一戰，慈禧都是「兩耳不聞窗外事，一心只想壽辰事」的態度。

這樣的無動於衷讓日本對華作戰的計畫有了更充分的準備。1894年七月中旬，戰火終於燃燒了起來，光緒帝要求李鴻章盡快對日出兵，李鴻章迫於壓力只好正式向日本宣戰。日本接過清政府的宣戰書後，以同樣理直氣壯的口吻強調自己維護大東亞共榮圈的職責和使命，並隨即宣布也對清政府開戰。從整個過程上看，甲午中日戰爭就是一場蓄謀已久的戰事，雖然光緒帝為主的「主戰派」醒悟得有點晚，但至少他們看穿了日本侵略者的野心。只可惜，和國土淪喪相比，慈禧太后更看重自己的壽辰。

甲午開戰時，清朝陸軍總兵力達到96萬人，而日軍的總兵力只有24萬人。看上去，清軍與日軍的兵力比例是4：1的配置，但這些數字只能說明

清兵陸地作戰的戰鬥力強於日軍，真正要在海上作戰，中國軍隊的力量並不盡如人意。

那時，洋務運動已經推行了30年，海軍建設過程中戰艦的配置和先前相比有了很大的改觀。從數量上來說，中國海軍的軍艦數並不比日本海軍少，但是從戰鬥力講，10支北洋軍艦的火力都不如一艘配置精良的日本軍艦。

洋務運動開始之時，李鴻章等人確實是根據西洋的最高配置來部署清朝海軍的。但正當這支海軍迅猛發展時，慈禧太后的干預卻讓事情朝著糟糕的方向發展。長達數年的時光裡，北洋水師沒有購買任何的槍支彈藥，也沒有給軍艦布置更多的魚雷和炮彈，聽起來似乎是李鴻章過於「摳門」的結果，但實際阻攔北洋水師兵力發展的卻是遠在紫禁城的慈禧太后。慈禧太后為了給自己營造一個安度晚年的美好園林，明令禁止北洋海軍繼續購買火力配置，節省下來的銀兩被她全數投入頤和園的建設中，風景綺麗的亭台樓閣和假山湖石固然好看，但戰爭一旦爆發，這些靠銀兩堆砌的美景卻毫無用處。

當鄧世昌因為自己駕駛的致遠艦沒有火力支撐而硬生生地撞上日本軍艦殉國時，多少人因為戰艦火力的陳舊而後悔。當威海衛剩下的26艘艦艇在日本軍艦進入港口後成為擺設和玩物時，老百姓更是對享樂的清朝王室痛恨不已。

戰敗成為必然的事情，喪權辱國的「馬關條約」為甲午中日戰爭的慘敗畫下了悲慘的句號，而中國和遠東地區的恥辱歷史也由此進一步加深了。

朝鮮脫離與中國將近一千年的藩屬關係，表面上獨立了，實際上卻成

為日本控制的殖民地。中國承認戰敗，割地賠款之餘，也淪為帝國主義資本輸出的場所。不平等的條款裡，中國失去的不僅是國庫的2億白銀，更是30年洋務運動累積下來的近代化成果和清朝重新崛起的可能。

自那以後，帝國主義瓜分中國的狂潮被掀起，中國因為帝國主義豪強的掠奪和侵佔變得四分五裂，一個文明古國近百年的半殖民地半封建社會的苦難更加深了。

第10章

慧——十步之內有芳草

305篇詩經

中國人自古就對詩歌情有獨鍾。如果說屈原的《離騷》表現的是個人的情懷，融合先人集體智慧的《詩經》表現的正是由「個人」組成的中華民族特有的現實主義情懷和浪漫主義氣息。

一般來說，對《詩經》可按照用途和來源的不同分為《風》《雅》《頌》三部分。《風》指的是中華各地的民歌，總數量為106篇，側重點在於對愛情和勞動的吟唱與歌頌。除此之外，《風》的作品中還有懷念故土、思念親人的感慨，以及反抗壓迫欺凌的幽怨與悲憤。

《雅》又分為《大雅》《小雅》，總共105篇，主要是貴族祭祀時吟唱的詩歌。先秦時代，生產條件低下，為了祈禱風調雨順，貴族們找來唱歌的巫醫樂師吟誦歌謠，以此達到與天地溝通、交融的目的。

除了《雅》中用於祭祀的音樂，《詩經》中還記錄了王權貴族為宗廟祭祀時唱誦的詩歌，這些詩歌統稱為《頌》。儘管《頌》的數量不多，卻同樣是考察先秦歷史、宗教與社會的重要文獻資料。

——「關關雎鳩，在河之洲，窈窕淑女，君子好逑。」（《關雎》）

——「桃之夭夭，灼灼其華，之子於歸，宜其室家。」（《桃夭》）

——「蒹葭蒼蒼，白露為霜，所謂伊人，在水一方。」（《蒹葭》）

——「碩鼠碩鼠，無食我黍！三歲貫女，莫我肯顧。」（《碩鼠》）

來自遠古的詩歌，其詞彙的表達與今人的語言習慣會有很大的不同，

但神奇的是，這些朗朗上口的詩篇卻在後世流傳甚廣。《詩經》產生的時代裡，中國人的語言相比先前的人們有了較大的提升，文字的純熟運用讓傳統吟唱的詩歌有了更多的文學氣息。《詩經》中的作品幾乎都和音樂有關，文字的押韻和對稱也出自吟唱方便的考慮。

古時，中國音樂的調子以「宮、商、角、徵、羽」進行標示，翻譯成現今的音符這五個調子分別對應的是「哆、唻、咪、嗦、啦」這五個音，而《詩經》中的篇章也與這樣的音樂旋律相關。參照明代音樂家朱載堉在《樂律全書》記載，《詩經》中的風、雅、頌對應的調式不是千篇一律的，這其中：《大雅》以宮調為基調，小雅以徵調為主音；《周頌》《魯頌》對應的是羽調；《國風》以角調為主音。錯落的音樂排列，讓句式的記憶脫離死記硬背的枯燥，吟唱之間，生動的畫面有了背景聲的渲染，看起來無聊的文字也因此變得躍動、充滿靈性。

作為周王朝由盛而衰時中國社會生活面貌的記錄和反映，《詩經》現存的305篇作品不僅有祭祀神鬼的樂章，更有對人們日間勞動、打獵的白描和關於戀愛、婚姻的動人刻畫。從它簡潔的詩句裡，我們不僅能看到先人們的日常生活，更能看到他們敢於與神明交流的情感溯源。

值得一提的是，除了上述的功用，春秋時期的詩歌作品還經常被當作外交手段來使用。當外交場上無法直接表達厭惡的情緒時，詩歌可以用來挖苦對方；當對方對自己的母國充滿善意時，詩歌又可以用來表達對對方的感謝與讚美；酒宴上，使臣聽不懂對方賦詩之意會被嘲笑；戰亂裡，小國有難請大國援助也會有感而發地吟唱幾句。

由此可見，兩國邦交中，詩歌吟唱不是冗餘的形式，相反地，它們可以幫助使臣瞭解對方的立場和想法，也可以幫助君主更好地辨別使臣的意

圖。正是因為這樣的特殊作用，春秋戰國時期的詩歌才沒有被當作消遣，孔子等哲學先師也才會用鄭重地態度向自己的學生推薦這些凝固了民間智慧的作品，最終使《詩經》成為士大夫們極力主張和宣揚的治學內容。

孔子在《陽貨》中曾經對自己的學生說：「《詩》可以興，可以觀，可以群，可以怨」，簡單的四個字將《詩經》的作用概括得非常精確。的確，《詩經》的作用遠不是吟誦那麼簡單，它可以抒發歌者的感情與志向，可以用來觀察社會與自然的變遷與更迭，可以找到志同道合的朋友，更可以諷諫世道的不安和政治的昏庸。

在孔子的眼中，藝術對個體心理的感染作用是巨大的。藝術的本質不是在於愉悅身心，而是在於啟發個體的社會性情感。枯燥的說教雖然可以帶來引導的作用，但其效果遠不如訴諸情感的藝術。

「興」成為中國美學史上的奇蹟，它將人們的想像和情感、理智的統一到一處，巧妙規定人們思想走向的同時，又不顯得刻意、枯燥。當藝術透過具體形象的事物讓人們產生情感上的共鳴和聯想時，那種發自內心的領悟顯然比簡單的灌輸更加強有力，藝術的感染和教育功用也正是如此。杜甫說「感時花濺淚，恨別鳥驚心」，這種傳承自古人的創作方法讓花鳥有了哲人般的思考，連匆匆時光也因為與人世滄桑相融合而變得厚重。

聖人的話記在學生的心裡，又因為儒學的源遠流長形成後人對《詩經》和詩歌特有的態度和看法。中國人在繼承古人良好語言習慣的同時形成「比興」這種獨特的文學創作方法。無論是之後的唐詩，還是宋詞，借物比興的手法幾乎成為中國文人共通的技藝。

千年前，先人對《詩經》中藝術形象的理解還停留在萌芽的狀態，但孔子用自己的智慧總結出《詩歌》的特性時，這些流傳於民間的歌謠從此

有了極大發展的可能。後世藝術創作與文學創新的理論也正是在這樣才逐漸生長成參天大樹。

唐詩三百首

　　唐詩，顧名思義就是在唐朝時創作的詩歌。雖然這其中五言和七言的詩歌體裁到宋、元、明、清也都有廣泛的使用，但後來各個朝代的詩都沒有達到唐朝時的興盛程度，所以唐朝也成為詩歌最具有代表性的黃金時代。

　　作為漢文化中璀璨的明珠，唐詩的發展大體可以分為初唐、盛唐、中唐和晚唐詩歌階段。詩歌眾多，詩人更是層出不窮。據統計，唐朝時文人們創作是詩歌大約有5萬首，其中大部分收藏於《全唐詩》，但是最膾炙人口、流傳範圍最廣的名篇佳作還是彙集在蘅塘退士的《唐詩三百首》之中。

　　嚴格意義上說，《唐詩三百首》不是一本創作型的著作，相反地，他是博採眾家之長的彙編型文獻。透過整理，這本詩歌總集幾乎涵蓋了唐朝時所有的詩歌類型及聞名天下的大師級作品。

　　具體而言，《唐詩三百首》包括的詩歌類型、詩人名作主要包括以下幾方面。首先，這本書收集了山水田園詩派詩人王維、孟浩然等人的五言、五絕、五律、五古等作品。王維的《山居秋暝》《九月九日憶山東兄弟》和孟浩然的《過故人莊》都屬於這個類型。應該說，山水田園詩的句子通常都比較清新，其內容大多也在於表達詩人對山川風貌的熱愛與感慨。風格上，恬淡雅致，精神內核上飽含著作者對祖國山河的熱愛。

　　除此之外，《唐詩三百首》中比較重要的一個詩歌流派則是邊塞詩

歌。這些詩歌大多是初唐時期的作品，後期唐代陷入戰亂後也有部分詩篇傳世，但其藝術水準卻不如初唐時精緻。唐代邊塞詩人的主要代表有高適、岑參、王昌齡、李益、王之渙等人，這些詩人大多有作戰的經歷，即使沒有真正上過戰場也曾經到過邊陲重鎮，體會過當地的風土人情，感受過戰爭的殘酷和艱辛。《別董大》《白雪歌送武判官歸京》《出塞》《從軍北征》等詩歌，既表達了人們在戰爭中掙扎的痛苦，也包含著人們對和平的嚮往和渴望。

第三類比較典型的唐詩派別是以李白為首的浪漫詩派。這些詩歌通常都是抒發作者的個人情懷，有時也描述作者同友人的交往與自己的遊歷。因為更偏重於情感，所以李白的詩歌自由、奔放，又因為李白本身的性格就十分開闊，因此詩歌的內容變得十分宏大，氣魄也十分宏偉。「舉杯邀明月，對影成三人」，《月下獨酌》裡李白敢於邀明月共飲；「蜀道難，難於上青天！」，《蜀道難》中李白更是在詩篇中用盡壯闊的詞彙。

和他相比現實主義派別的代表人物杜甫就顯得收斂了許多。因為生活時代的不同，杜甫眼所能及的更多的是民生之多艱，世道之蒼涼。《三吏》《三別》《兵車行》，杜甫的名篇充滿悲戚的味道。對他來說，「烽火連三月，家書抵萬金」的歲月裡，民生的艱辛和國家的為難都讓他感到窒息和悲痛。「感時花濺淚，恨別鳥驚心」和少年們為賦新詞強說愁的牽強不同，杜甫筆下抒發個人情懷時，他的傷感是真誠流露的，而這樣的情感又讓詩歌變得沉鬱、頓挫，其寫實的手法更讓詩歌蛻變成社會形態的白描畫卷。

當然，唐代的現實主義詩人也不都是如此。同為這個詩派的著名詩人白居易就更注重情感的真實表達。在他的創作觀念裡，最優秀的詩歌定然

是最通俗易懂的詩歌，它不僅要被文人讀懂，更要成為市坊間的老嫗表達個人情感、傾聽他人故事的工具。他經常將自己的詩文帶到老百姓中間，並且以朗讀的方式讓民眾能對他的作品進行最直觀的感受和回饋。所以，和杜甫不同，白居易的作品是可以進入尋常的生活的，是可以帶給世俗凡人直白詩文體驗的，也是能讓唐詩變成普通百姓重要的娛情工具。

和宋詞相比，唐詩更加朗朗上口。我們在感受詩人精煉語言的同時，更能從中體會作者的心情和他所在社會環境的悲歡離合。斑斕的壁畫用視覺衝擊留給後人直觀看待古代社會的風貌，悠揚的詩歌則用文字和聲音帶給人們想像的空間。當市井的畫面和坊間的情節伴著押韻的文字浮現在眼前時，這些文字的組合不再是枯燥的文學作品，而是脫胎於歷史空間並穿越千年傳達古人情懷的歷史瑰寶。

「竹林七賢」的魏晉風度

在現代人的眼裡，灑脫是一種難得的品格，而在魏晉時期，這種因為政治和歷史背景而蛻變成社會風氣的精神品格卻讓這個時代裡的人們對生命充滿敬畏和愛惜。

今人的印象裡，魏晉的名士們都是輕裘緩帶，不鞋而屐的。他們這種放鬆的精神境界並非來自於社會的太平，相反地，正是時代的動盪和戰亂才讓他們由衷地感歎人生的短暫和世事的無常。

三國時代的硝煙逐漸散去後，廣袤的中原大地最終成為司馬家族的天下。司馬昭成功地完成從人臣到霸主的轉變，王朝建設的重擔卻在奢靡裡被逐漸淡忘。

雖然沒有正式稱帝，但司馬昭的政治生活和日常排場卻與皇帝無異。後來，司馬炎成功地成為晉朝的第一任皇帝，儘管在他的統治下，西晉曾經出現過「太康之治」的良好局面，但驕傲的司馬炎最終還是在奢靡的風氣上栽了跟頭，其後宮的享樂生活較之父輩們可謂「有過之而無不及」。

面對後宮數以萬計的佳麗，司馬炎整日為在哪裡過夜而煩惱。為了增加「情趣」，司馬炎在宮人的建議下，採用「羊車望幸」的辦法選擇留宿的嬪妃。姑娘們為了獲得皇帝的寵倖，每天都在琢磨如何把山羊車引到自己的寢殿門前，唯獨鎮軍大將軍胡奮之女胡芳對此不感興趣。

當司馬炎對冷漠的胡芳備加指責時，這個果敢而沉穩的女子一番斥責令司馬炎汗顏。「北伐公孫，西距諸葛，非將種而何？」胡芳將當年戎馬

沙場的先輩們抬出來，司馬炎猛然覺得自己對不起過世的長輩們，心中對胡芳的欽佩與愛慕也因此油然而生。

從此之後，胡芳成為晉宮裡難得的敢說真話的妃嬪，但是即使如此，晉朝腐朽、奢靡的風氣依然沒有得到改善，諸侯之間的戰爭也沒有就此停歇。

人心渙散的大時代裡，讀書人對朝廷的失望衍生出避世的思想，越來越多的才子因為政治上的不順心而選擇隱居，無拘束的時空裡名士們寄情山水，直接抒發內心的感想和思考，久而久之，他們雲淡風輕、放蕩不羈的性格成為思想意識裡的精神主宰。

嵇康、阮籍、山濤、向秀、劉伶、王戎、阮咸，七個經常聚在山陽竹林肆意酣暢的好兄弟把酒暢談的爽快讓黑白兩色的悲慘世界增添了一抹靚麗的色彩。那時，統治者的專制讓人喘不過氣來，但聰明的文人依然固執地用比興、象徵、神話的手段抒發胸中的政治抱負。讀者只能在隱晦的字詞中猜測、揣摩詩人原本的意思，但幸運的是，隱藏其中的奮發向上的精神鼓勵和榜樣指引還是被成功破解，並傳承、沿用至今。

「夜中不能寐，起坐彈鳴琴。薄帷鑑明月。清風吹我襟。孤鴻號外野。翔鳥鳴北林。徘徊將何見？憂思獨傷心。」（阮籍《詠懷》）在很多人眼裡，七賢中最重要的代表人物阮籍是一個明哲保身的人，即使他在曠野中是一個敢於張揚自己的個性的角色，朝堂上的官員們還是沒有將他看成政治上的強者。他書寫《詠懷》詩集，將自己在山林中的所見所聞和同遊人們的所思所感凝練成文字，讀起來只是風花雪月，實際上卻是一個政治家難以言說的苦楚和悲涼。

作為阮氏家族的後代，父輩們曹魏時期跟隨司馬家族征戰天下的功績

足夠讓阮籍衣食無憂。但作為讀書人，阮籍還是保留著追求功名和業績的想法。可惜，司馬氏王朝的昏庸卻沒有給他好好表現的機會，久而久之，阮籍對晉朝失去信心，進取的鬥志也逐漸被消極避世的態度取代。當然，和阮籍經歷相似的還有他的幾位好友。

他們個性張揚，不隨波逐流，即使周圍的一切是紛亂的，他們內心的超脫和穎悟也讓能讓其超然物外。他們可以因為一杯酒放棄身後名，可以因為美人的悲喜而喜怒無常，可以袒胸露背共用自然，也可以對世道的艱難一笑而過。

名家輩出的時代裡，風流才子層出不窮，儘管跨越千年，他們的名字卻依然因為少有的個性而變得獨特。魯迅在演講中用「魏晉風度」概括了這個時期的精神品格，人們更因為「竹林七賢」記住了這種精神品格裡最直接、最具體的痕跡。

只是，人生無常，七位才子難得的志同道合終究無法逃開政治勢力的攻擊，來自司馬氏的政治暴力讓一切的清幽消失了。政治上，嵇康和劉伶與阮籍一樣對司馬氏集團充滿排斥，他們對晉朝皇帝不屑一顧，默然不合作的態度更是激起了當權者的氣憤。嵇康最後被鐘會陷害而死，生命的隕落讓與世隔絕的「七位才子」開始有了分裂的跡象。

向秀、阮咸在嵇康被害後被迫出仕；山濤、王戎則改變原有的中立態度開始投靠司馬氏，成為政權的心腹；阮籍與劉伶則依然堅持與司馬集團的對抗，直至終老，未曾改變。原本相伴的摯友成為政治上的死敵，相見爭如不見的無奈又何嘗不是政治利益催化的結果。

當司馬氏的皇權又一次在歷史洪流中被推翻時，曾經的政治立場變得不再重要。人們感慨王朝更迭的無常，更傷感於摯友感情的凋零。畢竟，

如果不是政治的因素，「七賢和鳴」的場面一定會持續下去，友人相殺的場面也斷然不會成為現實。

281個洞窟裡的9010尊畫像

在現代人與古人溝通的方式中，文字和繪畫是最重要的兩種手段。如果說前者可以幫助我們瞭解文字記載的朝代故事及其背後的思想意識，後者更可以幫助我們瞭解那個時代的人文風貌，並且以最直接的視覺衝擊告訴我們古人以何為美。

細數敦煌存有壁畫的洞窟，莫高窟、西千佛洞和安西榆林窟那552個洞穴裡，歷代壁畫加在一起竟可達到5萬平方公尺。放眼世界，如此眾多的石窟群，如此規模巨大又內容豐富的繪畫內容，絕對可以稱為奇蹟。

和西方注重細節的油畫相比，敦煌的繪畫更多的是追求「形似」的寫意風格作品。他們透過描繪想像中的神，對神和人的關係做出深刻的探討，也表現了民眾希望被神明安撫的善良願望。

在敦煌的壁畫中，類似佛陀、菩薩這樣的形象有很多。他們經常以慈眉善目，衣帶飄飄的形象出現。當然，這種造型誇張的成分比較多，但卻符合人們對神明的臆想和猜測。除了這些畫像，敦煌壁畫中還存在大量的俗人形象。這些人是普通的老百姓，在壁畫中代表著渴望神明眷顧的普羅大眾。他們大多穿著中原的漢裝，與神靈們的異國風貌相差很大。這樣的描繪看上去有些不和諧，但卻符合佛教從西方傳入中原的歷史事實。所以，當他們被統一安排在一幅畫中，觀賞者們找不到任何的違和感。

想要完成浩瀚的敦煌壁畫顯然不是一朝一夕的事情。這個規模宏大的繪畫群從魏晉南北朝時就開始修建，直到唐代，它的工程依然在繼續。

所以，即使是同一個地區的洞窟，不同洞窟中的繪畫風格也會有明顯的差異，因為他們本身就出自不同時代的工匠之手，反映的也是不同時期人們的思維方式和審美判斷。

北魏時期，洞窟壁畫的工匠們將那個時代不羈的風格帶到了洞中，所以描繪出來的人物其情感外露更為明顯，人物造型也更為誇張。五胡內遷的時代背景下，河西走廊的主要居民是外來的胡人。異域服裝也成為街頭最普遍的風景，工匠們採用了散花圖案作為服裝的襯底，繪畫人物強烈的西域風格和異域風情栩栩如生。

時間推移到西魏，敦煌的壁畫開始吸收中原的傳統繪畫形式，並且將普通百姓的日常生活情節融入佛教壁畫的創造中。畫風依舊十分瀟灑，但神明的形象在與尋常人的對話中變得平易近人。北周時，原本斷續的故事發展成為大型的本生及佛法故事連環畫。白底的牆壁如同畫紙一般，工匠們流暢的筆觸和清新的顏色搭配讓故事變得立體，漢族繪畫風格變成主導的情況說明越來越多的漢人來到敦煌。這個時期，河西走廊不是漢族人跡罕至的地方，漢人與胡人之間的交融逐漸頻繁起來。

到了唐代，統一王朝帶來的榮耀讓中原人對這裡產生了莫大的情感。工匠們奉命來到此處進行壁畫創作，敦煌的畫作因為他們的到來擁有更加豔麗的色彩，佛教造像和俗人形象也因此有了翻新的可能。

敦煌壁畫的題材因為工匠人數的增多而變得異常豐富，除了先前的神明造像及連環畫故事，壁畫創作中，淨土變相也是十分重要的創作內容。所謂淨土變相，通俗的理解就是神明的群體像，它的創作過程中除了需要雕刻眾多神明的模樣，更需要將他們身後的宮殿、樓閣描繪出來。整個構圖因為內容的繁多而變得複雜，但能工巧匠們卻懂得利用建築物的透視營

造二維平面空間縱深的效果。即使再複雜的畫面，也可以因為構圖的完好和比例的合理而變得緊湊、完整。這種繪畫藝術中的重要突破，代表了唐代高超的文化水準，也成為後世臨摹、複製的對象。

除了繪畫內容的創新，唐朝的敦煌壁畫裡佛和菩薩的形象也開始從原來的寶相莊嚴變得多樣靈動，除了常規的坐姿相，唐代的工匠們還透過想像創造出了佛陀們站立、行走甚至飛翔的姿態。當我們看到衣帶飄飄的神明們朝自己飛翔而來時，古人將理想與現實成功結合到美術中的功力著實了不起。

值得一提的是，敦煌壁畫除了塑造美好的人物造像，更透過色彩和筆觸將畫作想要表達的情感與思想反映出來。在刻畫一頭肆意奔跑的野牛時，畫家簡單地在牛的身邊畫了幾筆土紅的線條，人們就可以直觀地在這幅畫上感受到野牛奔跑的速度，甚至會下意識地後退幾步，生怕被這頭牛撞倒；為了將狩獵的場面變得更加生動，畫家選擇用簡潔、爽快、蒼勁有力的筆觸精心刻畫，乾脆的感覺與狩獵時快速作戰的風格相吻合，人們從狩獵者躍動的神態中體會到了追與逃的緊張。

美麗的壁畫承載人們對美好生活的想像和對神明的虔誠膜拜，雖然這些畫作更多的是想像的產物，但卻絲毫不影響它成為人們欣賞、留戀的珍品。漫漫黃沙，當絲綢之路因為大漠茫茫而逐漸失去它以往的魅力和輝煌時，敦煌也逐漸由盛轉衰，最終演變成昔日王朝的記憶。

如今的人們不再到敦煌作畫了，但對這個傳承千年的藝術寶庫卻依然保持著敬畏。那是我們先人曾經最引以為傲的美，充滿異域風情又夾雜著中原人理解的特殊藝術風格既反映了文明的交融，也讓人們看到了當年絲綢之路上各民族交融的美好場面。

20000首宋詞

現代人的語言習慣裡，唐詩和宋詞是連在一起說的。人們在欣賞唐詩押韻的美感時，也對宋詞的精緻頗為喜愛。

如今流傳下來的宋詞大約有20000首，這些流傳下來的經典作品。在描繪詞人生活的種種樂趣與煩惱時，也表現著家國命運和時代賦予詞人的責任感，美學理想與雄奇並存。

詞一般由詞牌名和詞句組成。現今流傳下來的詞牌名有1000多個，其中最常用的包括卜運算元、採桑子、蝶戀花、浣溪沙、浪淘沙、滿江紅、減字木蘭花、念奴嬌、沁園春、清平樂、水調歌頭、西江月、憶江南、永遇樂等。詞除了有固定的名稱，其字數和段落劃分也有嚴格的規則。一般來說，詞大致可以分為3種類型：58字以下的詞牌，類似33字的《如夢令》、27字的《憶江南》稱為小令；59～90個字的詞牌，如59個字的《步嬋宮》，稱為中調；91字以上的詞牌，如91個字的《夏雲峰》，則被稱為長調。

現在，我們對宋詞的宏偉風格十分習慣，但有意思的是，這個古老的創作體裁其原貌不是這樣的。

宋人王灼在《碧雞漫志》中對詩詞的興起與發展有過簡單的描述，他說：「蓋隋以來，今之所謂曲子者漸興，至唐稍盛。今則繁聲淫奏，殆不可數。」意思是所謂的「曲子」是由隋唐時流行的西域音樂演變而來的，詞是這種藝術形式中不可分割的一部分。

就淵源而言，詞實際上是一種公用性的情感表達工具。許久之前，少數民族中能歌善舞的人們在唱歌時會將個人情感和場面描寫加入其中，口中吟唱的語句所表達的意境更多的是生活和情感的觸動。剛開始，詞曲並不分家，後來隨著這種藝術形式在隋唐時代的流行，人們將這種新型的文字記錄方式變成嶄新的文學體裁，詩詞獨立於音樂的時代也由此拉開序幕。

　　最早的詩詞作品可以追溯到隋朝時楊廣、王冑寫的《紀遼東》，隨後，唐初沈佺期的《回波樂》、崔液的《踏歌詞》伴隨著敦煌曲子在民間的流傳而散布開來。再到後來，韋應物寫了《調笑令》，白居易又寫了《長相思》《憶江南》，從那以後，詞不再是西域民族特有的事物，而是演變成與中原百姓日常生活緊密交織的文學形式，詩詞的風格也開始從通俗易懂向清新的方向發展。

　　然而，任何事物的發展都會有曲折的過程。到了晚唐五代，詞的風格因為文人的過度加工而失去本來淳樸的特點，內容上也更傾向於描繪奢靡享樂的場面。在士大夫將它們作為消遣的工具後，詞脫離百姓，走入誤區，成為靡靡之音。

　　應該說藝術是高雅的，但是從本質上說，沒有堅實的民間基礎，詞的高雅便只能是空虛的擺設。用魯迅的話來說，那些刻意雕琢、晦澀難懂的生僻詞彙抹殺的是詞「原為民間物」的特質。文不從、字不順的結果就是這個文學體裁的凋零和滅亡。

　　晚唐詞人的作品集《花間集》裡的句子，雖然異常優美，十分工整，但表現的卻多是歌舞宴席場面和消極避世的態度。這樣的局面到了宋朝初期沒有太好的改善，名號上宋詞擁有「典雅」的頭銜，內容上反映的卻依

舊是兒女情長、花間夢事。

認識到這一點，宋詞的改革成為必然。

以歐陽修為代表，北宋既是政客又是詞人的才子們開始對詞的內涵和用典重新進行定義。這些偉大詞人的筆觸同樣書寫著愛情和人間樂事，只不過這回他們歌頌的是生活中積極向上的精神面貌，表達的也是面對人生難事的認真。那些膾炙人口的名句，也成為北宋人競相傳頌的警世名言。

柳永說執手相看淚眼，無語凝噎，但看透的是多情自古傷離別；蘇軾大江東去、浪淘盡，卻在江山如畫間，面對人生，呼籲一樽還酹江月。

隨著時局的變化，改革後的宋朝又與民族戰爭，家國興亡融於一體，為遼宋夏金對峙情景下的宋朝人提供新一輪精神指引。

以蘇軾為代表的新派詞人號召打破「詩莊詞媚」的界限，以詩為詞，將詞的境界從生活的小情調拉伸至報國的大情懷中。平時詠花頌柳的詞句變成懷古詠史的感歎，花間夢事的浪漫變成參知朝政的豪情。到了南宋，這場改革形成的詩詞面貌更是變成詞人創作的基本基調。辛棄疾、陸游、陳亮、劉過等詞人都以詞作為表達報國情感的重要工具。

詞壇裡耳熟能詳的名字雖然不如唐詩領域，但產出作品的思想性與藝術性卻同樣取得了輝煌的成就。詞人在鬥爭與生活之間找到詞的新境界，宋詞的創作者也因此變得出眾。當毛澤東以凝練的文字寫下《沁園春・雪》的時候，這種來自古人的文學載體穿越千年成為近現代人情感表達的工具，而和先人們一起誦讀宋詞的我們也用自己的行動完成民族的傳承與延續。

130個歷史人物

　　人類社會的發展是有規律可遵循的，人們常說，以史為鑑就是要從過去的經驗中找到適用於今天的規律，而史書正是記載過去社會發展規律最重要的資料。中國人對史書和史官有不一樣的情結，我們執著於史書的記載，史官也對發生在自己身邊的歷史極為忠誠。從春秋戰國開始，史官的地位就非常特殊，即使他知道自己筆下的歷史與國君所要的理想情節不同，他還是會正直地將事實記錄清楚。

　　從這個角度上說，成為一名正直的史官與成為一名英勇的將軍是同樣值得尊敬的，而司馬遷正是史官隊伍中的翹楚。

　　「史記」這兩個字在司馬遷的著作出現之前一直是史料的統稱。司馬遷的著作《史記》誕生時沒有一個固定的名字，有人稱它為「太史公書」，也有人稱它為「太史公記」。直到東漢皇帝《東海廟碑》，這部浩瀚大作才正式被定名為《史記》。

　　說到司馬遷為什麼會開始撰寫《史記》，他和漢武帝的一段爭執不得不提。

　　西漢成立之後，飽受匈奴騷擾的漢室一直無法將這隻草原狼擋在門外。到漢武帝的時候，國家富裕，兵力強盛，武帝認為時機成熟了，便開始了將他對匈奴作戰的藍圖付諸實踐。衛青、霍去病、李廣，眾多名將的合作下，大漢王朝贏得連續的勝利。這樣的戰績，對先前匈作戰總是失敗的漢朝來說是莫大的鼓舞。那時，漢武帝對戰爭的失敗很不寬容，對從匈

奴戰敗而歸的將軍也十分嚴苛，所以曾經投降的李陵成為漢武帝重點懲罰的對象。

常言道「勝敗乃兵家常事」，在司馬遷看來，李陵的投降和失敗是正常的。他將自己的想法告訴了漢武帝，並當眾為李陵求情，可是正是這番求情犯了漢武帝大忌，司馬遷也因此成為受宮刑折磨的可憐人。

身體上的缺陷和來自皇帝的不信任讓司馬遷一度想以死謝世，可是這個倔強的男子卻在掙扎過後產生了書寫一部史書的理想。

東周時王道廢弛，秦朝為了一統天下將很多有用的史料焚毀了，漢初，隨著政策的寬鬆很多深藏於民間的史料被挖掘出來。人們對於歷史的好奇和大量史籍亟待整理的現狀，給司馬遷撰寫《史記》提供良好的精神土壤與外部環境。另外，年幼時司馬遷曾經遊歷四周，收集了很多跟先人有關的奇聞逸事，因此這部書的撰寫既是司馬遷順應時代創造的傑作，又是他個人經歷見聞的重要總結。

作為史官，司馬遷撰寫《史記》的態度尤為端正。對他來說，未經考證的事實是不能寫入書中的，而那些神話傳說即使趣味十足也不會出現在他的筆下。所以司馬遷沒有將上古時期的「三皇五帝」作為文章的開篇，也沒有記載女媧補天這樣的神幻故事。

他的書中有記載帝王政績的12篇本紀，有記載侯國和諸侯興亡的30篇世家，還有70篇記載重要人物言行事蹟的列傳以及10張大事年表。作為中國第一本紀傳體通史，《史記》提及的人物達到130個，這些人物都是真正推動歷史發展的人物，即使關於他們的事蹟有不同的說法，司馬遷也會如實地將各種說法記錄到同一篇文章中，以此為後人提供選擇、評判和比對的基礎。

當然，除了司馬遷嚴苛的態度和頗為客觀的事實，《史記》令後人讚不絕口的還有司馬遷寫作的用心和他不凡的文采。當別人用平鋪直敘地語言記錄歷史上發生的事情時，司馬遷則用他細膩的情感描繪了一個又一個生動的場景。

　　在寫到藺相如手執和氏璧怒髮衝冠時，司馬遷的語言讓人看到的不僅是一個忠臣的決絕，更有秦昭王的言而無信；寫到竇太后的外戚故事時，「助后泣」三個字，更是將朝臣的阿諛奉承和宮內的虛情假意刻畫得淋漓盡致。閱讀《史記》，我們讀到的不僅僅是一段一段的故事，更是這個故事發生時的歷史環境和人文氛圍，這樣的感受源自歷史故事的離奇，更是因為著書者的文才。

　　漢朝是一個比秦朝更為開明的時代，但是劉氏皇族對於宮廷內部事件的外露卻極為嚴苛。那時，國中有明文規定，不允許將宮廷當中的事情說到民間，而《史記》的作者司馬遷曾經擔任太史官，所以書中不免存在對宮廷內部事務的描寫。正是因為如此，劉氏皇族一度將《史記》看為離經叛道的「逆書」，即使班固當時受命撰寫史書，拿到《史記》作為內部資料也少了其中有關大漢王朝的十篇。

　　可以說，《史記》成書後一直無法公開地問世。司馬遷去世時，知道這部巨著的人寥寥無幾，多年以後，在司馬遷的外孫楊惲的不懈努力下，這部書的部分章節才開始流入民間。可惜，此書還未在國中流行，楊惲就因為他人的陷害斷送了性命。直到東漢中期，這部書才逐漸獲得統治者的認同並被允許在全國推廣。

　　唐代，古文運動興起，人們對《史記》給予了高度的評價，散文家柳宗元、韓愈等人更是對其十分推崇；宋元以後，歐陽修等人對《史記》的

文筆十分讚賞，《史記》的聲望也日益增強；到明清時期，《史記》幾乎成為人們研究歷史的必讀書目；到了近代，《史記》更是成為人們考古的重要依據。

　　魯迅評價《史記》為「史家之絕唱，無韻之離騷」，簡單的十個字概括了《史記》在中國歷史研究中的重要地位，也對這本書的文學成就做出高度的肯定。

後記

在很多人眼中，歷史是純文科的事情。它更像是一段政治的理論，或是一部要靠死記硬背才可以記住的故事。所以，在文理分家的習慣性思維裡，歷史與數字沒有多少交集，彷彿它們之間的楚河漢界是無法逾越的鴻溝，非此即彼，互不干涉。

只是歷史原本就沒有單純的一面，那些用文字拼湊起來的過往看上去似乎與數字沒有多大關係，但那些滲透在年代裡的度量單位卻已經刻在歷史的過往中，即使只是憑藉數字的大小和統計量的多寡，我們也可以清晰地知道故事的分量，並且想像出它過往的情景。

朝代的更迭裡，忠臣們的模樣已經無從知曉，但我們卻可以在忠誠得以堅守的年份裡知道什麼是對王朝的堅貞；奸臣當道，皇權傾覆，我們無法想像奸臣如何在朝堂上一家獨大，卻可以從其貪腐的金額裡知道禍國殃民究竟是什麼意思。

合久必分，分久必合的疆域變遷裡，戰爭此起彼伏。我們回不到曾經的古戰場，卻可以從數十萬的屍首和敵對雙方的戰力配比知道戰爭的殘酷和戰火的猛烈。

文化繁榮是怎樣一種場景？它是數萬首詩詞的百花齊放，也是千萬幅畫的共同呈現；是數以千計的工藝品傳承下來的製作技藝，是千餘種本草

的悠悠藥香。

　　如果說文字帶給我們的是記憶的依據，數字帶給我們的則是驚訝的憑證。從這個角度上說，數字和歷史不是孤立的，相反地，它們相互融合，相得益彰。當它們交融彙集時，歷史以更加立體、更為有趣的方式呈現在世人面前。

　　獨屬於數字和歷史的美麗邂逅，讓一場關於歷史的另類解讀成為可能。

海鴿 文化出版圖書有限公司
Seadove Publishing Company Ltd.

作者	白瑾萱
美術構成	騾賴耙工作室
封面設計	九角文化/設計
發行人	羅清維
企劃執行	張緯倫、林義傑
責任行政	陳淑貞

古學今用 155

數字中國史

出版	海鴿文化出版圖書有限公司
出版登記	行政院新聞局局版北市業字第780號
發行部	台北市信義區林口街54-4號1樓
電話	02-27273008
傳真	02-27270603
E-mail	seadove.book@msa.hinet.net

總經銷	創智文化有限公司
住址	新北市土城區忠承路89號6樓
電話	02-22683489
傳真	02-22696560
網址	www.booknews.com.tw

香港總經銷	和平圖書有限公司
住址	香港柴灣嘉業街12號百樂門大廈17樓
電話	（852）2804-6687
傳真	（852）2804-6409

CVS總代理	美璟文化有限公司
電話	02-2723-9968
E-mail	net@uth.com.tw

出版日期	2022年09月01日　一版一刷
定價	300元
郵政劃撥	18989626　戶名：海鴿文化出版圖書有限公司

國家圖書館出版品預行編目（CIP）資料

數字中國史 ／ 白瑾萱作.
-- 一版. -- 臺北市：海鴿文化，2022.09
面；　公分. --（古學今用；155）
ISBN 978-986-392-368-8（平裝）

1. 中國史　2. 通俗史話

610.9　　　　　　　　　　　110001433

Seadove

Seadove